FALKEN

Beate Pfeiffer

Mikrowellen-Kochbuch

Raffinierte Rezepte für die schnelle Welle

Im FALKEN Verlag sind zahlreiche Titel rund um das Thema „Essen & Trinken" erschienen.
Sie erhalten sie überall dort, wo es Bücher gibt.

Sie finden uns im Internet: **www.falken.de**

Dieses Buch wurde auf chlorfrei gebleichtem
und säurefreiem Papier gedruckt.

Der Text dieses Buches entspricht den Regeln
der neuen deutschen Rechtschreibung.

ISBN 3 8068 5520 X

© 2002 by FALKEN Verlag in der Verlagsgruppe FALKEN/Mosaik, einem Unternehmen der
Verlagsgruppe Random House GmbH, 65527 Niedernhausen/Ts.
Die Verwertung der Texte und Bilder, auch auszugsweise, ist ohne Zustimmung des Verlags
urheberrechtswidrig und strafbar. Dies gilt auch für Vervielfältigungen, Übersetzungen,
Mikroverfilmung und für die Verarbeitung mit elektronischen Systemen.

Umschlaggestaltung: Design Team, München/WSP-Design, Heidelberg
Redaktion: Andrea Scheiber
Herstellung: Tatjana Spira
Fotos im Innenteil: vorn Damir Begovic, Hamburg; hinten Amos Schliack, Hamburg

Die Ratschläge in diesem Buch sind von der Autorin und vom Verlag sorgfältig erwogen und
geprüft, dennoch kann eine Garantie nicht übernommen werden. Eine Haftung der Autorin
bzw. des Verlages und seiner Beauftragten für Personen-, Sach- und Vermögensschäden ist ausgeschlossen.

Satz: Filmsatz Schröter GmbH, München
Druck: GGP Media, Pößneck

817 2635 4453 6271

Inhalt

Kochen mit der „Schnellen Welle" 4

Was sind Mikrowellen? 4
Wie sicher sind Mikrowellen? 5
Welches Geschirr ist geeignet? 5
Tipps zum Kochen mit der Mikrowelle 6
Grillen von Gerichten 8
Arbeiten mit dem Kombi-Mikrowellengerät 8
Ihr Gerät verfügt nicht über die angegebenen Leistungsstufen? .. 8
Hinweise zu den Rezepten 12

Vorspeisen und Snacks 14

Suppen und Eintöpfe 28

Gerichte mit Fleisch 40

Gerichte mit Geflügel und Wild 62

Gerichte mit Fisch und Meeresfrüchten 74

Gerichte mit Gemüse 86

Aufläufe und Gratins 94

Beilagen 114

Saucen und Dips 122

Desserts, Gebäck und Marmeladen 128

Rezeptverzeichnis 142

Kochen mit der „Schnellen Welle"

Die „Schnelle Welle" ist aus unseren Küchen kaum noch wegzudenken. Sie können mit ihr feine Gerichte kochen, fertige Menüs direkt auf dem Teller erhitzen und Gefrorenes schonend und schnell auftauen.

Trotz dieser Vorteile hat das Solo-Mikrowellengerät seine Grenzen. Es kann zwar erwärmen und garen, bräunt jedoch nicht und erzeugt keine knusprige Kruste. Kombiniert mit einem Grill, mit Ober- und Unterhitze oder sogar mit Umluft, hat sich das Mikrowellengerät jedoch zu einem Alleskönner gemausert.

Damit Sie die große Vielfalt der Mikrowellenküche erleben können, finden Sie in diesem Buch sowohl Rezepte für das Solo- als auch für das Grill- und das Kombi-Mikrowellengerät. In welchem Gerät das jeweilige Gericht zubereitet werden kann, erfahren Sie jeweils zu Beginn des Rezeptes.

Übrigens: Wenn Ihre Mikrowelle nicht über die in den Rezepten angegebenen Leistungsstufen verfügt, können Sie die entsprechende Einstellung bei Ihrem Gerät der Tabelle auf Seite 10 entnehmen.

Was sind Mikrowellen?

Mikrowellen sind elektromagnetische Wellen, wie auch das Sonnenlicht oder die Radiowellen. Sie unterscheiden sich von diesen nur durch ihre Länge.

Mikrowellen werden von Metallen reflektiert, können aber Porzellan, Keramik, Glas, Papier und andere Stoffe ungehindert durchdringen. Unsere Lebensmittel, insbesondere das Wasser in ihnen, absorbieren die

Mikrowellen. Die Moleküle des Wassers werden dann in Bewegung gesetzt, reiben aneinander und erzeugen dadurch Wärme. Da diese direkt im Lebensmittel entsteht, muss das Kochgeschirr nicht auch noch erhitzt werden, wie es beim herkömmlichen Garen in Töpfen auf dem Herd der Fall ist. Die Mikrowelle ist also besonders schnell, schonend und energiesparend. Darüber hinaus benötigen Sie auch weniger Fett, da die Gefahr des Anbrennens nicht besteht.

Wie sicher sind Mikrowellen?

Die Befürchtung, gesundheitsschädigende Strahlung könnte durch die Tür oder durch Lecks austreten, ist unbegründet. Alle in Deutschland erhältlichen Mikrowellengeräte unterliegen strengen Sicherheitsbestimmungen deutscher und internationaler Organisationen.

Beim Öffnen der Tür ist die Leistungszufuhr sofort unterbrochen. Es befindet sich dann keine Reststrahlung mehr im Garraum. Die Leckstrahlung, d. h. die austretende Strahlung bei geschlossenem Gerät, darf einen festgelegten, unbedenklichen Wert nicht überschreiten.

Bei ordnungsgemäßem Gebrauch sind Gesundheitsgefährdungen daher ausgeschlossen.

Welches Geschirr ist geeignet?

Für das Sologerät

Mit Ausnahme von Metallgefäßen können Sie jedes andere hitzebeständige Geschirr verwenden. Am besten eignen sich Gefäße aus feuerfestem Glas, Keramik, Steingut und hitzebeständigem Kunststoff (bis mindestens 150 °C).

In neueren Geräten ist es sogar möglich, kleine Mengen Aluminiumfolie oder flaches Metallgeschirr einzusetzen. Sie können so Fertiggerichte in

Aluminiumschalen erwärmen oder empfindliche Teile (zum Beispiel die Flügelspitzen von Hähnchen) durch Umwickeln mit Alufolie schützen. Decken Sie die Speisen aber nicht vollständig mit Alufolie oder einem Metalldeckel ab, und beachten Sie die Angaben Ihres Geräteherstellers.

Wenn Sie prüfen wollen, ob ein Geschirr mikrowellengeeignet ist, stellen Sie es leer, zusammen mit einem Glas Wasser, für ½ Minute bei etwa 600 Watt in das Gerät. Ist das Wasser anschließend wärmer als das zu prüfende Geschirr, ist dieses mikrowellengeeignet.

Auch die Form des Gefäßes ist für gute Küchenergebnisse von Bedeutung. Am besten verwenden Sie runde oder ovale Formen.

Für das Grill- und das Kombi-Mikrowellengerät

Für beide Geräte gelten fast die gleichen Empfehlungen wie für das Sologerät. Das Geschirr muss allerdings bis mindestens 250 °C hitzebeständig sein, da sonst giftige Stoffe austreten können. Verwenden Sie deshalb keines aus Kunststoff.

Tipps zum Kochen mit der Mikrowelle

Portionsangaben

Zu Beginn jedes Rezeptes erfahren Sie, für wie viele Portionen es berechnet ist. Wenn Sie die Gerichte aus diesem Buch für mehr oder weniger Personen zubereiten möchten, gilt die Faustregel:
doppelte Menge = doppelte Zeit

Abdecken des Gargutes

Decken Sie die Speisen beim Kochen, Erwärmen und Auftauen im Sologerät stets ab. Sie können hierzu mikrowellengeeignete Folie, Teller oder umgedrehte Schüsseln verwenden. Eine spezielle Mikrowellenabdeckhaube ist natürlich ideal. Achten Sie aber in jedem Fall darauf, dass der Deckel nicht luftdicht abschließt.

Wenden und Umrühren

Nach etwa der halben Garzeit sollten Sie größere Fleischstücke wenden und Flüssigkeiten umrühren. Die Hitze verteilt sich dadurch viel besser im Gargut.

Anordnen auf dem Garteller

Wenn Sie unterschiedlich geformte Teile gleichzeitig garen möchten, platzieren Sie sie so, dass die dünneren Teile zur Tellermitte zeigen. Sind alle Stücke gleich groß, ordnen Sie sie ringförmig an, und lassen Sie die Tellermitte frei.

Ruhezeit nach dem Garen

Nach dem Garen oder Erwärmen sollten Sie die Speisen noch einige Minuten stehen lassen, damit sich die Wärme im Gericht gleichmäßig verteilen kann.

Anstechen der Lebensmittel

Lebensmittel mit fester Schale oder Haut (zum Beispiel Würstchen und Tomaten) müssen vor dem Erhitzen mit einer Gabel mehrmals eingestochen werden, da sie sonst platzen. Sie sollten wegen der Gefahr des Platzens auch keine Eier in der Schale garen.

Erhitzen von Getränken

Wenn Sie Getränke in einem hohen, engen Gefäß erhitzen möchten (z. B. in einem Teeglas), empfiehlt es sich, einen Glasstab oder einen Teelöffel zum Temperaturausgleich ins Gefäß zu stellen. Sonst besteht die Gefahr des plötzlichen Überkochens.

Schmelzen von Lebensmitteln

Mit der Mikrowelle können Sie problemlos Kuvertüre, Fett etc. schmelzen. Stellen Sie dazu eine Leistung von etwa 600 Watt ein, und rühren Sie alle 30 Sekunden um, damit sich die Wärme gleichmäßig verteilt.

Grillen von Gerichten

Wenn für ein Gericht außer der Mikrowellenfunktion noch eine Grillfunktion benötigt wird, bietet sich die Benutzung eines Grill-Mikrowellengerätes an. Sie können diese Speisen aber auch zunächst mit einem Sologerät zubereiten und dann mit einem konventionellen Grill für ein paar Minuten überbacken (dieser sollte vorher bis zur Rotglut vorgeheizt sein). Folgen Sie bei dieser Zubereitungsmethode bitte den Angaben für die Zubereitung im Nicht-Simultan-Gerät, die Sie als Tipp am Rezeptende finden.

Arbeiten mit dem Kombi-Mikrowellengerät

Bei Kombi-Mikrowellengeräten lassen sich Funktionen wie Heißluft und Grill mit der Mikrowellenfunktion kombinieren.

Da die meisten Kombinationsgeräte nicht über einen Simultangrill verfügen (er kann dann nicht gleichzeitig mit der Mikrowelle eingeschaltet werden), sind die Grillrezepte für Kombigeräte so beschrieben, dass der Grill erst im Anschluss an den Garprozess eingesetzt wird.

Falls Sie nur ein Solo-Mikrowellengerät besitzen, aber trotzdem etwas grillen möchten, können Sie die Gerichte ganz normal mit Ihrem Gerät garen und anschließend mit einem konventionellen Grill grillen. Heizen Sie Ihren Grill dann vorher bis zur Rotglut auf.

Ihr Gerät verfügt nicht über die angegebenen Leistungsstufen?

Für den Fall, dass im Rezept eine Leistungsstufe verlangt wird, die Sie nicht an Ihrem Gerät einstellen können, finden Sie in der Umrechnungstabelle auf S. 10 die Leistungs-/Zeiteinstellung, die für Ihr Gerät passt.

BEISPIEL

Im Rezept wird eine Leistung von 650 Watt für eine Garzeit von 5 Minuten angeben. Ihr Gerät hat jedoch nur die Stufen 600 Watt und 700 Watt. Suchen Sie nun in der Umrechnungstabelle die Spalte für 650 Watt und darin die Garzeit von 5 Minuten. Rechts daneben befindet sich die Spalte für 600 Watt und eine Zeitangabe von 5½ Minuten. Dies ist die Zeit, die Sie einstellen müssen, wenn Sie mit 600 Watt anstelle von 650 Watt kochen möchten.

Wählen Sie am besten immer die nächst geringere Leistung, da dies schonender für das Lebensmittel ist. Eine zu hohe Leistung kann das Gericht verbrennen oder überkochen lassen.

Sie können die Garzeit, die auf die Leistungsstufe Ihres Gerätes abgestimmt ist, auch ganz leicht mit folgender Faustformel berechnen:

20 % mehr Leistung = 20 % weniger Zeit.

BEISPIEL:

Anstelle von 800 Watt und 10 Minuten möchten Sie mit 1000 Watt kochen. Die Zeit verkürzt sich dann um 2 Minuten.

20% weniger Leistung = 20% mehr Zeit.

BEISPIEL:

Anstelle von 800 Watt und 10 Minuten möchten Sie mit 640 Watt kochen. Die Zeit verlängert sich dann um 2 Minuten. Dies bedeutet ganz allgemein, dass Sie die Zeit um denselben Anteil verkürzen (verlängern) müssen, um den Sie die Leistung verlängert (verkürzt) haben.

Einige Gerätetypen geben die eingestellte Leistung nicht in Watt, sondern in Prozent der maximalen Ausgangsleistung, mit unterschiedlichen Symbolen (z. B.) ♨ ♨ ♨, oder mit Kennwörtern (z. B. high – medium – low) an. Wenn Sie ein solches Gerät besitzen, entnehmen Sie bitte der Gebrauchsanweisung Ihres Gerätes, welcher Leistung diese Angaben entsprechen.

KOCHEN MIT DER „SCHNELLEN WELLE"

Vergleichswerte für Mikrowellengeräte mit verschiedener Leistung

850 Watt	800 Watt	750 Watt	700 Watt	650 Watt	600 Watt	500 Watt
8 Sek.	10 Sek.	13 Sek.	15 Sek.	17 Sek.	20 Sek.	25 Sek.
23 Sek.	25 Sek.	27 Sek.	30 Sek.	33 Sek.	35 Sek.	40 Sek.
40 Sek.	45 Sek.	50 Sek.	1 Min.	1 Min.10 Sek.	1¼ Min.	1½ Min.
1 Min.5 Sek.	1¼ Min.	1⅓ Min.	1½ Min.	1 Min.40 Sek.	1¾ Min.	2 Min.
1¼ Min.	1½ Min.	1¾ Min.	2 Min.	2¼ Min.	2½ Min.	3 Min.
1¾ Min.	2 Min.	2¼ Min.	2½ Min.	2¾ Min.	3 Min.	3½ Min.
2¼ Min.	2½ Min.	2¾ Min.	3 Min.	3¼ Min.	3½ Min.	4 Min.
2½ Min.	2¾ Min.	3 Min.	3½ Min.	3¾ Min.	4 Min.	4½ Min.
2¾ Min.	3½ Min.	3¾ Min.	4 Min.	4¼ Min.	4½ Min.	5 Min.
3½ Min.	3¾ Min.	4 Min.	4½ Min.	5 Min.	5½ Min.	6½ Min.
3¾ Min.	4 Min.	4½ Min.	5 Min.	5½ Min.	6 Min.	7 Min.
4½ Min.	5 Min.	5½ Min.	6 Min.	6½ Min.	7 Min.	8½ Min.
5½ Min.	6 Min.	6½ Min.	7 Min.	7½ Min.	8 Min.	9½ Min.
6½ Min.	7 Min.	7½ Min.	8 Min.	8½ Min.	9 Min.	11 Min.
7½ Min.	8 Min.	8½ Min.	9 Min.	9½ Min.	10 Min.	12 Min.
8 Min.	8½ Min.	9 Min.	10 Min.	11 Min.	11½ Min.	13 Min.
9 Min.	9½ Min.	10 Min.	11 Min.	12 Min.	12½ Min.	14 Min.
10 Min.	10½ Min.	11 Min.	12 Min.	13 Min.	14½ Min.	16 Min.
11 Min.	11½ Min.	12 Min.	13 Min.	14 Min.	15½ Min.	17 Min.
12 Min.	12½ Min.	13 Min.	14 Min.	15 Min.	16½ Min.	18 Min.
12½ Min.	13 Min.	13½ Min.	15 Min.	16 Min.	17 Min.	20 Min.
13½ Min.	14 Min.	14½ Min.	16 Min.	17 Min.	18 Min.	21 Min.
14½ Min.	15 Min.	15½ Min.	17 Min.	18 Min.	20 Min.	22 Min.
15 Min.	15½ Min.	16 Min.	18 Min.	19 Min.	21 Min.	23 Min.
15½ Min.	16 Min.	17 Min.	19 Min.	21 Min.	22 Min.	25 Min.
16 Min.	17 Min.	18 Min.	20 Min.	22 Min.	23 Min.	26 Min.
18 Min.	20 Min.	22 Min.	25 Min.	27 Min.	29 Min.	33 Min.
22 Min.	25 Min.	27 Min.	30 Min.	32 Min.	35 Min.	40 Min.
25 Min.	29 Min.	32 Min.	35 Min.	37 Min.	41 Min.	48 Min.
30 Min.	35 Min.	37 Min.	40 Min.	42 Min.	48 Min.	60 Min.
34 Min.	37 Min.	42 Min.	45 Min.	47 Min.	54 Min.	66 Min.
37 Min.	40 Min.	45 Min.	50 Min.	54 Min.	60 Min.	72 Min.
40 Min.	45 Min.	50 Min.	55 Min.	61 Min.	68 Min.	80 Min.
43 Min.	48 Min.	54 Min.	60 Min.	68 Min.	76 Min.	90 Min.

Folgende Beispiele zeigen, wie Sie die Leistung selbst in Prozent umrechnen können:

BEISPIEL 1:
Die maximale Ausgangsleistung Ihres Gerätes beträgt
600 Watt:
600 Watt = 100 %
300 Watt = 50 %
150 Watt = 25 %

BEISPIEL 2:
Die maximale Ausgangsleistung Ihres Gerätes beträgt
1000 Watt:
1000 Watt = 100 %
 500 Watt = 50 %
 250 Watt = 25 %

Wenn Ihr Gerät die Leistung mit Symbolen oder Kennwörtern anzeigt, gilt folgende Faustregel:

$\underset{\smile}{\overset{\text{\tiny)))}}{\ }$ oder high = kochen

$\underset{\smile}{\overset{\text{\tiny))}}{\ }$ oder medium = schmelzen

$\underset{\smile}{\overset{\text{\tiny)}}{\ }$ oder low = auftauen

Leider sind diese Stufen nicht so leicht bestimmten Leistungen zuzuordnen. Am besten fragen Sie direkt beim Hersteller, welcher Leistung das Symbol auf Ihrem Gerät entspricht, und machen Sie sich eine eigene Umrechnungstabelle.

Hinweise zu den Rezepten

Damit beim Kochen nichts schief gehen kann, hier noch einige Hinweise zu den Rezepten. Aus Platzgründen sind in den Zutatenlisten einige Begriffe abgekürzt. Daher finden Sie hier auch eine Aufstellung der verwendeten Abkürzungen und ihrer Bedeutung.

Der Rezeptkopf
Dort finden Sie folgende Angaben:
- das geeignete Gerät
- die Zubereitungszeit
- die Anzahl der Portionen
- die Kalorien je Portion

Die Zeitangaben
Damit Sie beim Nachkochen der Rezepte dieses Buches immer Erfolg und viel Freude haben, wurden alle Gerichte nachgekocht. Die Zeitangaben sind jedoch nur Richtwerte, da die Leistungen der verschiedenen Gerätetypen technisch bedingt etwas schwanken. Wählen Sie deshalb immer erst die kürzere Garzeit, und verlängern Sie sie, falls erforderlich.

Die Zutatenmengen
Sie beziehen sich stets auf die ungeputzte Rohware. Bei Stückangaben wie „1 Möhre" wird von einem mittleren Stück ausgegangen. Werden Mengen in Esslöffeln (EL) und Teelöffeln (TL) angegeben, so sind damit gestrichene Maße gemeint.

Tipps
Hier finden Sie Hinweise zum Grillen mit dem Nicht-Simultan-Gerät und für das Zubereiten von mehr oder weniger Portionen.

Variationen

Hier erhalten Sie Anregungen, wie Sie das Gericht verfeinern oder ganz anders zubereiten können.

Abkürzungsverzeichnis

°C	=	Grad Celsius
cm	=	Zentimeter
EL	=	Esslöffel (gestrichen)
F. i. Tr.	=	Fett in der Trockenmasse
g	=	Gramm
kcal	=	Kilokalorien
Kombi-...	=	Kombinations-...
l	=	Liter
ml	=	Milliliter
MWG	=	Mikrowellengerät
TK-...	=	Tiefkühl-...
TL	=	Teelöffel (gestrichen)
ø	=	Durchmesser

Vorspeisen und Snacks

Immer wenn es darum geht, besonders schnell eine kleine, leckere Speise zuzubereiten, ist das Mikrowellengerät ideal. Sie finden im folgenden Kapitel viele Toasts und andere schmackhafte Vorspeisen, die fast alle überbacken werden. Diese Gerichte können Sie besonders schnell und ohne großen Aufwand in einem Grill-Mikrowellengerät zubereiten. Bei diesen Geräten ist es möglich, jeweils einzeln den Mikrowellen- und Grillbetrieb einzusetzen oder eine Kombination von beiden zu wählen. Der Grillbetrieb dieser Geräte arbeitet mit einem Quarz- oder Infrarotgrill, wobei die Aufheizzeit beim Infrarotgrill etwas länger dauert. Die Kombination von Mikrowelle und Grill im Simultanbetrieb verbindet die Vorteile beider Betriebsarten. Die Garzeiten werden verkürzt und die Toasts erhalten eine goldbraune Kruste. Es gibt jedoch auch Mikrowellengeräte, bei denen der Grill nur vor oder nach dem Mikrowellenbetrieb eingeschaltet werden kann. Man spricht hier vom Nicht-Simultan-Betrieb. Insgesamt müssen hierbei die Garzeiten etwas verlängert werden. In vielen Rezepten ist die Zubereitung für Simultan- und Nicht-Simultangerät erklärt. Sollten Sie ein Sologerät besitzen, so überbacken Sie die Gerichte mit einem konventionellen Grill.

Bei unseren Rezepten können Sie sich das Toasten des Brotes sparen, wenn Sie spezielles Bräunungsgeschirr verwenden. Dieses besteht aus Glaskeramik und hat am Boden eine Spezialbeschichtung aus Metalloxid. Das Bräunungsgeschirr wird erst leer bei voller Leistung im Mikrowellengerät erhitzt. Dabei entwickeln sich am Boden Temperaturen von bis zu 330 °C, wodurch der Toast beim Garen oder Überbacken knusprig geröstet wird. Je nach Geschmack können Sie die verwendeten Käsesorten variieren. Einen recht milden Gouda- oder Butterkäse können Sie durch einen herzhaften Tilsiter oder Appenzeller ersetzen. Zum Überbacken eignen sich Raclettekäse, Mozzarella oder in Würfel geschnittener Schafskäse auch sehr gut.

Deftiger Wursttoast

■ Für das Sologerät
Zubereitungszeit: ca. 25 Min.
2 Portionen
ca. 930 kcal je Portion

2 Scheiben Graubrot
50 g Remoulade, 80 % Fett
2 Tomaten (200 g)
etwas Salz
frisch gemahlener Pfeffer
gerebelter Oregano
120 g Salamischeiben
1 Zwiebel (50 g)
50 g grüne Paprikaschote
50 g rote Paprikaschote
2 TL Pflanzenöl
120 g Butterkäse, 50 % F. i. Tr.
1 EL gehackter Schnittlauch

1. Die Graubrotscheiben toasten und gleichmäßig mit der Remouladensauce bestreichen.

2. Die Tomaten waschen, die Stängelansätze entfernen, die Tomaten in Scheiben schneiden, auf den Toast legen und mit Salz, Pfeffer und Oregano würzen. Die Salamischeiben darüber legen.

3. Die Zwiebel schälen und würfeln. Die Paprikaschoten waschen, die Häute und die Kerne entfernen und das Fruchtfleisch in Streifen schneiden.

4. Das Gemüse mit dem Öl in eine runde Kochschüssel (1 l Inhalt) geben, diese offen ins MWG stellen und das Gemüse 4½ Minuten bei 600 Watt dünsten. Das Gemüse auf den Salamischeiben verteilen.

5. Die Toasts mit dem Butterkäse belegen und auf einen mikrowellengeeigneten Teller (28 cm ⌀) setzen. Diesen ins MWG stellen und den Käse 3 Minuten bei 600 Watt schmelzen lassen. Den Toast mit dem gehackten Schnittlauch bestreut servieren.

VARIATION

Wenn Sie den Toast kräftig mögen, können Sie den Butterkäse auch durch Appenzeller ersetzen. Dieser Käse schmilzt in 2 Minuten.

Roqueforttoast

- Für das Sologerät
Zubereitungszeit: ca. 15 Min.
2 Portionen
ca. 280 kcal je Portion

2 Scheiben Vollkorntoastbrot
1 1/2 TL Butter
2 Birnenhälften aus der Dose (110 g)
1 EL ungesüßte Preiselbeeren
  aus dem Glas
60 g Roquefort, 50 % F. i. Tr.

1. Die Toastbrotscheiben goldbraun toasten und mit der Butter bestreichen.

2. Die Birnenhälften abtropfen lassen und in Spalten schneiden.

3. Die Birnenspalten auf die Toasts legen und darauf die Preiselbeeren gleichmäßig verteilen.

4. Den Käse in Scheiben schneiden und die Toasts damit belegen. Die Toasts auf einen mikrowellengeeigneten Teller (28 cm $\varnothing$) legen, diesen ins MWG stellen und den Käse 1 1/2 Minuten bei 600 Watt schmelzen lassen.

VARIATION

Je nach Geschmack können Sie den Roquefort durch eine mildere Käsesorte, wie Camembert, Brie oder Butterkäse, ersetzen.

Krabbentoast mit Spargel

- Für das Sologerät
Zubereitungszeit: ca. 10 Min.
2 Portionen
ca. 310 kcal je Portion

2 Scheiben Vollkorntoastbrot
4 EL Mayonnaise, 50 % Fett (50 g)
1 EL Cognac
1/2 TL Tomatenmark
2 TL gehackter Dill
einige Spritzer Tabasco
1 TL Zitronensaft
40 g Gouda, 45 % F. i. Tr.
60 g Spargel aus der Dose
60 g TK-Krabben
edelsüßes Paprikapulver

1. Die Toastscheiben goldbraun toasten. Die Mayonnaise mit dem Cognac, dem Tomatenmark, dem Dill, Tabasco und dem Zitronensaft verrühren.

2. Den Käse fein hobeln oder in kleine Würfel schneiden. Den Spargel in 2 cm lange Stücke schneiden. Die Krabben unter fließendem Wasser abspülen und abtropfen lassen.

3. Die Spargelstücke, die Krabben und den Käse unter die Mayonnaise heben.

4. Die Krabben-Käse-Masse auf die Toastscheiben geben, glatt streichen und mit etwas Paprikapulver bestreuen. Die Toasts auf einen mikrowellengeeigneten Teller (28 cm $\varnothing$) legen, diesen ins MWG stellen und 1 Minute bei 600 Watt erwärmen.

VORSPEISEN UND SNACKS

Schneller Pizzatoast

▓ Für das Grill-Mikrowellengerät
Zubereitungszeit: ca. 10 Min.
4 Portionen
ca. 240 kcal je Portion

4 Scheiben Vollkorntoastbrot
2 EL Knoblauchfrischkäse
8 hauchdünne Scheiben italienische Salami
1 Fleischtomate
80 g geriebener Gouda, 45 % F. i. Tr.
3 EL gehacktes Basilikum
2 EL geriebener Parmesan

1. Vollkorntoast goldbraun toasten, mit Frischkäse bestreichen und mit der Salami belegen.

2. Die Tomate würfeln und gleichmäßig auf den Toasts verteilen.

3. Die Toasts nacheinander mit Gouda, Basilikum und Parmesan bestreuen. Sie dann auf dem hohen Rost 6 Minuten bei 425 Watt kombiniert mit der Grillfunktion garen.

TIPP ▪

Bei der Zubereitung im Nicht-Simultan-Gerät ändert sich folgender Schritt:
Schritt 3: Die Toasts nacheinander mit Gouda, Basilikum und Parmesan bestreuen. Sie dann auf dem hohen Rost zunächst 4 1/2 Minuten bei 595 Watt garen, danach 8 Minuten unter dem Grill überbacken.

Camemberttoast

▓ Für das Kombi-Mikrowellengerät
Zubereitungszeit: ca. 10 Min.
1 Portion
ca. 220 kcal je Portion

1 Scheibe Toastbrot
1 TL Butter
1/2 Camembert, 45 % F. i. Tr.
1 TL gesüßte Preiselbeeren
 aus dem Glas
1 Prise Cayennepfeffer

1. Die Brotscheibe toasten und mit Butter bestreichen. Den Camembert in Scheiben schneiden und diese mit der Schnittfläche nach oben auf die Toastscheibe legen.

2. Die Preiselbeeren in die Mitte des Käses geben und den Toast mit Cayennepfeffer bestreuen.

3. Den Camemberttoast auf den hohen Rost legen, 1/2 Minute bei 650 Watt erhitzen und dann 4 Minuten unter dem Grill überbacken.

TIPP ▪

Für 2 oder 4 Portionen:
Die Zeit zum Erhitzen beträgt bei 2 Toasts 1 Minute, bei 4 Toasts 2 Minuten bei 650 Watt. Die Zeit zum Überbacken beträgt für beide Mengen 4 Minuten.

17

Tomatenpfännchen

■ Für das Grill-Mikrowellengerät
Zubereitungszeit: ca. 10 Min.
2 Portionen
ca. 320 kcal je Portion

1 Zwiebel (40 g)
100 g frische Champignons
etwas Zitronensaft
Salz
schwarzer Pfeffer aus der Mühle
1 Prise Muskatpulver
1 Prise Cayennepfeffer
2 EL gehackte Petersilie
2 EL geschnittener Schnittlauch
1 Tasse Sahne (150 g)
2 große Fleischtomaten à 200 g
100 g Schafskäse
Basilikumzweige zum Garnieren

1. Die Zwiebel schälen und in feine Würfel schneiden. Die Champignons putzen, in Scheiben schneiden und mit Zitronensaft beträufeln.

2. Die Zwiebeln und die Champignons in eine mikrowellengeeignete Form geben und das Gemüse bei 600 Watt 1 bis 2 Minuten garen.

3. Anschließend mit Salz, Pfeffer und Muskat sowie Cayennepfeffer kräftig würzen.

4. Die Petersilie und den Schnittlauch unterziehen und die Sahne angießen. Das Ganze gut miteinander verrühren.

5. Die Tomaten waschen, den grünen Stielansatz entfernen und die Früchte halbieren. Die Tomatenhälften auf die Champignons setzen.

6. Den Schafskäse in Scheiben schneiden, über die Tomaten legen und das Geschirr verschließen. Bei 600 Watt 3 bis 4 Minuten garen.

7. Das Tomatenpfännchen mit Basilikumzweigen garnieren und sofort servieren.

VORSPEISEN UND SNACKS

Gefüllte Tomaten mit Käsehaube

■ Für das Grill-Mikrowellengerät
Zubereitungszeit: ca. 15 Min.
2 Portionen
ca. 205 kcal je Portion

4 Tomaten (200 g)
1 Zwiebel (40 g)
1 kleine Stange Lauch (130 g)
100 g Austernpilze
1 EL Butter oder Margarine
1 Schuss Weißwein
1 Prise Meersalz
weißer Pfeffer aus der Mühle
1 Prise Muskatpulver
3 EL Crème fraîche
1 TL grüne Pfefferkörner
2 EL gehackte Petersilie
2 EL gehackter Kerbel
100 g Mozzarellakäse
Kräuterzweige zum Garnieren

1. Die Tomaten waschen und den Stielansatz entfernen. Von den Tomaten eine Haube abschneiden, die Früchte mit einem Teelöffel aushöhlen.

2. Mit der Schnittfläche nach unten auf ein feuchtes Küchentuch zum Abtropfen legen.

3. Die Zwiebel schälen und fein würfeln. Den Lauch putzen, waschen und in Streifen schneiden.

4. Die Austernpilze putzen und in mundgerechte Stücke schneiden.

5. Das Gemüse mit der Butter oder Margarine und dem Weißwein in eine mikrowellengeeignete Form geben und zugedeckt bei 600 Watt 2 bis 3 Minuten garen.

6. Anschließend mit Salz, Pfeffer und Muskat kräftig abschmecken, mit Crème fraîche und den Pfefferkörnern mischen.

7. Die Petersilie und den Kerbel unterziehen und das Ganze in die Tomaten füllen. Die Tomaten mit einer Gabel mehrmals einstechen, in eine Mikrowellenform setzen, mit dem Käse bedecken und bei 600 Watt 3 bis 4 Minuten garen.

8. Die Tomaten herausnehmen, mit Kräuterzweigen garnieren und sofort servieren.

19

Gefüllte Kartoffeln

■ Für das Grill-Mikrowellengerät
Zubereitungszeit: ca. 35 Min.
4 Portionen
ca. 140 kcal je Portion

4 mittelgroße Kartoffeln (ca. 400 g)
60 g gekochter Schinken
½ Zwiebel
75 ml Milch
2 EL geriebener Parmesan
etwas Salz
gemahlener Pfeffer
2 EL geriebener Emmentaler, 45 % F. i. Tr.

1. Die Kartoffeln waschen und die Schale mit einer Gabel einstechen. Die Kartoffeln zusammen mit 50 ml Wasser in eine verschließbare, runde Kochschüssel (2 l Inhalt) geben und zugedeckt 8 Minuten bei 850 Watt garen.

2. In der Zwischenzeit den Schinken in feine Würfel schneiden. Die Zwiebel schälen und fein hacken.

3. Die gegarten Kartoffeln der Länge nach halbieren und mit einem Löffel vorsichtig aushöhlen.

4. Die ausgelöste Kartoffelmasse mit Schinken, Zwiebeln, Milch und Parmesan zu einer glatten Masse verrühren und sie mit den Gewürzen abschmecken.

5. Die Kartoffel-Schinken-Masse gleichmäßig in die Kartoffelhälften spritzen und mit dem Emmentaler bestreuen.

6. Die Kartoffelhälften auf einen feuerfesten Teller (25 cm ⌀) setzen und auf dem hohen Rost 11 Minuten bei 225 Watt kombiniert mit der Grillfunktion überbacken. Anschließend die Kartoffeln noch 2 Minuten ruhen lassen.

TIPP

Bei der Zubereitung im Nicht-Simultan-Gerät ändert sich folgender Schritt:
Schritt 6: Die Kartoffelhälften auf einen feuerfesten Teller (25 cm ⌀) setzen und auf dem hohen Rost zunächst 11 Minuten bei 850 Watt garen, dann 11 Minuten unter dem Grill überbacken. Anschließend die Kartoffeln nochmals 2 Minuten bei 850 Watt erhitzen und 2 Minuten ruhen lassen.

Kartoffel-Speck-Spieße

■ Für das Grill-Mikrowellengerät
Zubereitungszeit: ca. 35 Min.
4 Portionen
ca. 380 kcal je Portion

600 g kleine, möglichst fest kochende
Kartoffeln (ca. 16 Stück)
8 dünne Scheiben durchwachsener Speck
50 g weiche Butter
edelsüßes Paprikapulver

1. Die Kartoffeln waschen und die Schale mit einer Gabel einstechen. Die Kartoffeln zusammen mit 50 ml Wasser in einer verschließbaren, runden Kochschüssel (2 l Inhalt) 9 Minuten bei 850 Watt zugedeckt garen. Die Kartoffeln zwischendurch einmal wenden. Sie nach dem Garen abschrecken und pellen.

2. Die Speckscheiben halbieren, jede Scheibe dreimal zusammenfalten und abwechselnd mit den Kartoffeln auf vier Holzspieße (etwa 20 cm lang) stecken.

3. Die Butter in einer mikrowellengeeigneten Tasse 1 Minute bei 850 Watt schmelzen lassen.

4. Die Spieße mit der Hälfte der Butter bestreichen, mit etwas Paprikapulver bestreuen und auf dem hohen Rost 8 Minuten bei 255 Watt kombiniert mit der Grillfunktion grillen.

5. Die Spieße wenden, mit der restlichen Butter bestreichen und wieder mit etwas Paprikapulver bestreuen. Die Spieße von der zweiten Seite ebenfalls 8 Minuten bei gleicher Einstellung (siehe Punkt 4) grillen. Sie dann sofort servieren.

TIPP

Bei der Zubereitung im Nicht-Simultan-Gerät ändern sich folgende Zubereitungsschritte:
Schritt 4: Die Spieße mit der Hälfte der Butter bestreichen, mit etwas Paprikapulver bestreuen und auf dem hohen Rost zunächst 4 Minuten bei 850 Watt garen, dann 8 Minuten grillen.
Schritt 5: Die Spieße wenden, mit der restlichen Butter bestreichen und wieder mit etwas Paprikapulver bestreuen. Die Spieße nochmals 8 Minuten grillen.

Sylter Champignons

■ Für das Grill-Mikrowellengerät
Zubereitungszeit: ca. 20 Min.
4 Portionen
ca. 290 kcal je Portion

500 g große Champignons
50 g roher Schinken
125 g Kräuter-Crème-fraîche
1 frisches Eigelb
1 Knoblauchzehe
2 EL gehackte Petersilie
2 EL Schnittlauchröllchen
2 EL gehackter Dill
250 g frische Nordseekrabben
*   ohne Schale*
2 EL geriebener Gouda, 45 % F. i. Tr.

1. Die Champignons waschen, putzen und die Stiele vorsichtig herausdrehen. (Die Stiele können z. B. für einen Salat oder ein Ragout weiterverarbeitet werden.)

2. Den Schinken in feine Würfel schneiden und die Champignonköpfe damit füllen. Diese in eine ovale Backschale (32 cm lang) setzen.

3. Die Kräuter-Crème-fraîche mit dem Eigelb verrühren. Die Knoblauchzehe schälen und zerdrücken. Sie zusammen mit den Kräutern in die Kräuter-Crème-fraîche geben und alles glatt rühren. Dann die Krabben unter die Kräutercreme heben.

4. Die Kräutercreme in die Champignonköpfe geben und den Gouda darauf streuen.

5. Die Champignonköpfe in der Backschale auf dem hohen Rost zunächst 3 Minuten bei 850 Watt garen. Dann 8 Minuten bei 595 Watt kombiniert mit der Grillfunktion gratinieren.

TIPP

Bei der Zubereitung im Nicht-Simultan-Gerät ändert sich folgender Schritt:
Schritt 5: Die Champignons in der Backschale auf dem hohen Rost zunächst 9 Minuten bei 850 Watt garen, dann 5 Minuten unter dem Grill gratinieren.

VORSPEISEN UND SNACKS

Champignons
mit Knoblauchsauce

■ Für das Grill-Mikrowellengerät
Zubereitungszeit: ca. 30 Min.
4 Portionen
ca. 730 kcal je Portion

150 g Crème fraîche
1 EL Mayonnaise, 50 % Fett
2 EL trockener Weißwein
1 TL Senf
etwas Salz
schwarzer Pfeffer
4 Knoblauchzehen
25 g Walnüsse ohne Schale
12 braune Champignons
4 EL Walnussöl
12 dünne Scheiben durchwachsener Speck
1 EL edelsüßes Paprikapulver

1. Die Crème fraîche mit Mayonnaise, Weißwein und Senf verrühren und mit Salz und Pfeffer abschmecken.

2. Die Knoblauchzehen schälen, zerdrücken, mit der Crème fraîche verrühren.

3. Die Walnüsse fein hacken und über die Sauce streuen. Diese zugedeckt in den Kühlschrank stellen.

4. Die Champignons kurz waschen, putzen, trockentupfen und die Stiele entfernen. (Die Stiele können z. B. für eine Suppe verwendet werden.)

5. Die Pilzhüte innen und außen mit dem Walnussöl sorgfältig bestreichen.

6. Die Speckscheiben im Paprikapulver wälzen und je einen Pilzhut mit einer Speckscheibe ummanteln.

7. Die Pilzhüte mit der Öffnung nach oben in einen rechteckigen Bräter (21,5 × 20 cm) legen, auf dem hohen Rost zunächst 8 Minuten bei 850 Watt kombiniert mit der Grillfunktion gratinieren. Dann die Pilze wenden, und die Oberseite ebenfalls 8 Minuten bei gleicher Einstellung gratinieren.

8. Die Pilze mit frisch gemahlenem Pfeffer bestreuen. Die Knoblauchsauce dazu reichen.

TIPP ■

Bei der Zubereitung im Nicht-Simultan-Gerät ändert sich folgender Zubereitungsschritt:
Schritt 7: Die Pilzhüte mit der Öffnung nach oben in einen rechteckigen Bräter (21,5 × 20 cm) legen und auf dem hohen Rost zunächst 3 Minuten bei 850 Watt garen. Dann das Ganze 8 Minuten unter dem Grill gratinieren. Danach die Pilze wenden und nochmals 8 Minuten gratinieren.

23

VORSPEISEN UND SNACKS

Überbackene Sahnezwiebeln

■ Für das Kombi-Mikrowellengerät
Zubereitungszeit: ca. 20 Min.
2 Portionen
ca. 340 kcal je Portion

300 g Zwiebeln
1 EL Pflanzenöl
50 g Sahne, 30 % Fett
50 g Crème fraîche
je ½ Zweig Majoran und Thymian
1 Prise Muskatnuss
etwas Salz
gemahlener Pfeffer
4 EL geriebener Emmentaler, 45 % F. i. Tr.

1. Die Zwiebeln schälen und in dünne Scheiben schneiden. Zusammen mit dem Öl flach in eine runde Kochschüssel (2 l Inhalt) geben, diese abgedeckt auf den niedrigen Rost ins Kombi-MWG stellen und die Zwiebeln 6 Minuten bei 650 Watt dünsten.

2. In der Zwischenzeit die Sahne, die Crème fraîche, die Kräuter und Gewürze miteinander verquirlen. Die Mischung zu den gedünsteten Zwiebeln geben, gut umrühren und abgedeckt 2 Minuten bei 650 Watt weiterdünsten.

3. Danach die Sahnezwiebeln in zwei feuerfeste Servierförmchen füllen, mit dem Käse bestreuen, auf den hohen Rost ins Kombi-MWG stellen und die Sahnezwiebeln unter dem Grill 4 Minuten überbacken.

Gebackene Grapefruits

■ Für das Sologerät
Zubereitungszeit: ca. 15 Min.
2 Portionen
ca. 280 kcal je Portion

1 EL gehobelte Mandeln
2 kleine Grapefruit (270 g)
2 ½ EL Zucker
2 TL Vanillinzucker
200 g saure Sahne

1. Die gehobelten Mandeln auf einen mikrowellengeeigneten Teller (28 cm ∅) streuen, diesen ins MWG stellen und die Mandeln 2 ½ Minuten bei 600 Watt rösten.

2. Die Grapefruits halbieren, die Kerne entfernen und das Fruchtfleisch mit einem Grapefruitmesser aus den Hälften lösen. Das Fruchtfleisch in Stücke schneiden.

3. Fruchtfleisch mit Zucker, Vanillinzucker und saurer Sahne mischen und in zwei runde Portionsschälchen (10,5 cm ∅) füllen. Die Schälchen ins MWG stellen und die Grapefruitmasse 1 ½ Minuten bei 600 Watt erwärmen.

4. Die gebackenen Grapefruits mit den gerösteten Mandelblättern bestreuen.

Gemüseeier

■ Für das Sologerät
Zubereitungszeit: ca. 15 Min.
2 Portionen
ca. 320 kcal je Portion

1 Zwiebel (40 g)
1/2 rote Paprikaschote (100 g)
1/2 grüne Paprikaschote (100 g)
1 kleine Stange Lauch (150 g)
1 EL Butter oder Margarine
1 Schuss Weißwein
Salz
weißer Pfeffer aus der Mühle
je 1 EL gehackte Kräuter (Petersilie,
Schnittlauch, Estragon)
4 EL geriebener Emmentalerkäse
Butter oder Margarine zum Ausfetten
2 Eier
Kräuterzweige zum Garnieren

1. Die Zwiebel schälen und in feine Würfel schneiden.

2. Die Paprikaschoten putzen, entkernen, waschen und in Streifen schneiden.

3. Den Lauch putzen, waschen und streifig schneiden.

4. Das Gemüse mit der Butter oder Margarine und dem Weißwein in eine mikrowellengeeignete Form geben. Die Form verschließen und das Gemüse bei 600 Watt 5 bis 6 Minuten garen.

5. Das Gemüse kräftig würzen, die Kräuter und den Käse unterziehen und in ausgefettete Glasförmchen füllen.

6. Auf das Gemüse vorsichtig je ein Ei setzen, die Förmchen ins Mikrowellengerät stellen und die Gemüseeier bei 600 Watt 1/2 bis 1 Minuten garen.

7. Mit Kräuterzweigen garnieren und sofort seriveren.

VORSPEISEN UND SNACKS

Überbackener Kresseapfel

■ Für das Kombi-Mikrowellengerät
Zubereitungszeit: ca. 10 Min.
2 Portionen
ca. 340 kcal je Portion

1 mittelgroßer, säuerlicher Apfel
   (z. B. Boskop)
2 TL Zitronensaft
2 EL Kresse
je 1 EL gehackte Mandeln und Walnüsse
   und gemahlene Haselnüsse
1 EL Rosinen
1 EL Honig
1 EL weiche Butter
1 EL Weißwein
2 EL geriebener Emmentaler, 45 % F. i. Tr.
Butter für die Form

1. Den Apfel waschen, das Kerngehäuse mit einem Apfelausstecher ausstechen und ihn quer halbieren. Beide Hälften mit Zitronensaft beträufeln.

2. Die Kresse waschen, mit der Schere abschneiden und mit Mandeln, Nüssen, Rosinen, Honig, Butter und Weißwein gründlich mischen. Die Masse auf die Schnittflächen der Apfelhälften geben und leicht anhäufeln.

3. Die Füllung mit dem Käse bestreuen. Eine runde Kochschüssel (1 l Inhalt) einfetten und die Äpfel hineinsetzen. Die Schüssel auf den hohen Rost ins Kombi-MWG stellen und die Apfelhälften 1 Minute bei 650 Watt erhitzen. Anschließend alles 3 Minuten unter dem Grill überbacken.

TIPP

Für 1 oder 4 Portionen:
Die Zeit zum Erhitzen beträgt für
1 Portion ½ Minute, für 4 Portionen
2 Minuten bei 650 Watt (in einer
Kochschüssel mit 2 Litern Inhalt).
Die Zeit zum Überbacken beträgt
3 Minuten.

Schinkensoufflé mit Tomaten

■ Für das Grill-Mikrowellengerät
Zubereitungszeit: ca. 30 Min.
4 Portionen
ca. 250 kcal je Portion

2 EL Butter
1 Frühlingszwiebel
250 g Tomaten
150 g gekochter Schinken
2 frische Eier
100 g Hüttenkäse
1 TL Mehl
etwas Salz
gemahlener Pfeffer
Schnittlauchröllchen zum Garnieren

1. Vier runde Souffléförmchen (11,5 cm ∅) mit ½ Esslöffel Butter in eine runde Kochschüssel (1,25 l Inhalt) geben.

2. Die Frühlingszwiebel waschen, putzen und in feine Ringe schneiden. In der Kochschüssel 1½ Minuten bei 850 Watt andünsten.

3. Die Tomaten waschen, über Kreuz einritzen und für 15 Sekunden in kochendes Wasser geben. Sie anschließend abschrecken, enthäuten und die Stielansätze herausschneiden. Dann die Tomaten in Scheiben schneiden und entkernen. Zwei Tomatenscheiben zum Garnieren zurücklassen. Die restlichen Tomatenscheiben auf den Böden der Souffléförmchen gleichmäßig verteilen.

4. Den Schinken in feine Würfel schneiden und mit der Zwiebel mischen.

5. Die Eier trennen. Die Eigelbe mit dem Hüttenkäse verrühren. Das Mehl und die Schinken-Zwiebel-Mischung hinzufügen, gut umrühren und dann mit Salz und Pfeffer abschmecken.

6. Die Eiweiße steif schlagen und vorsichtig unter die Schinken-Mischung in die Souffléförmchen geben, glatt streichen und mit den beiseite gelegten, halbierten Tomatenscheiben garnieren.

7. Die Souffléförmchen auf den niedrigen Rost stellen und die Soufflés 10 Minuten bei 425 Watt kombiniert mit der Grillfunktion garen und gratinieren. Sie danach mit Schnittlauchröllchen bestreuen.

TIPP ■

Bei der Zubereitung im Nicht-Simultan-Gerät ändert sich folgender Zubereitungsschritt:
Schritt 7: Die Soufflés zunächst auf dem hohen Rost 10 Minuten bei 425 Watt garen.
Sie dann auf dem hohen Rost 4 Minuten unter dem Grill gratinieren.
Danach das Gericht mit Schnittlauchröllchen bestreuen und sofort servieren.

Suppen und Eintöpfe

Mit wenig Mühe lassen sich in ein paar Minuten leckere Suppen in der Mikrowelle zaubern. Deftige Eintöpfe dauern natürlich ein bisschen länger. Trotzdem ist bei kleineren Mengen der Zeitvorteil gegenüber dem konventionellen Herd teilweise beachtlich. Sie können die Suppe direkt in der Suppenschüssel garen, soweit diese mikrowellentauglich ist.

Die Grundlagen für bekömmliche Suppen bilden meist Brühen. Um eine schnelle Mahlzeit zu bereiten, empfehlen sich Instant-Suppenpulver oder -Würfel und fertige Fonds.

Suppen sollten in der Mikrowelle während der Zubereitung immer abgedeckt sein. Die verdunstende Flüssigkeit beschlägt sonst an den Innenwänden des Gerätes. Beim Garen in der Mikrowelle ist es nützlich, Suppen mehrmals zwischendurch umzurühren. Durch das Mischen unterschiedlich heißer Teile erzielt man ein gleichmäßigeres Garergebnis.

Ähnlich wie im Rezept „Kräutercremesuppe mit Sesamhäubchen" (Seite 34) können Sie auch anderen Suppen durch Überbacken mit Eischnee ein Tüpfelchen auf dem „i" verpassen. Beachten Sie dabei, dass sich das Volumen des Eiweißes beim Überbacken vergrößert. Es sollte deshalb ein ausreichender Abstand zwischen Grill und Eischneehaube vorhanden sein.

Zwiebelsuppe mit Käsekruste

■ Für das Sologerät
Zubereitungszeit: ca. 30 Min.
2 Portionen
ca. 310 kcal je Portion

3 Zwiebeln (150 g)
1 Knoblauchzehe
1¹/₂ EL Pflanzenöl
gerebelter Thymian
frisch gemahlener Pfeffer
edelsüßes Paprikapulver
1 Lorbeerblatt
2 TL gekörnte Brühe
100 ml trockener Weißwein
200 ml Wasser
1 Scheibe Toastbrot
30 g geriebener Emmentaler, 45 % F. i. Tr.
1 EL Parmesan
1 rohes frisches Eigelb
1 TL Cognac
etwas Salz
1 EL trockener Sherry

1. Die Zwiebeln schälen und in Ringe schneiden. Die Knoblauchzehe ebenfalls schälen und zerdrücken. Beides mit dem Öl in einer verschließbaren, runden Kochschüssel (1 l Inhalt) mischen, diese zugedeckt ins MWG stellen und das Gemüse 4 Minuten bei 600 Watt dünsten.

2. Gewürze, gekörnte Brühe, Weißwein und Wasser hinzufügen, einmal umrühren und die Suppe zugedeckt 6 Minuten bei 600 Watt garen.

3. Inzwischen die Toastscheibe goldbraun toasten.

4. Den Emmentaler mit dem Parmesan, dem Eigelb und dem Cognac verrühren und die Masse mit Salz, Pfeffer und Paprikapulver pikant abschmecken.

5. Den Sherry in die Suppe geben, die Suppe einmal umrühren, mit Salz abschmecken und in zwei mikrowellengeeignete Suppentassen füllen.

6. Die Käsemasse auf die Toastbrotscheibe streichen, den Toast auf einem mikrowellengeeigneten Teller (28 cm ⌀) legen, diesen ins MWG stellen und die Käsemasse 1 Minute bei 600 Watt schmelzen lassen.

7. Die Toastscheibe diagonal halbieren, auf die Zwiebelsuppe legen und diese nochmals 1 Minute bei 600 Watt erhitzen.

Büsumer Fischsuppe

■ Für das Sologerät
Zubereitungszeit: ca. 20 Min.
2 Portionen
ca. 160 kcal je Portion

150 g TK-Rotbarschfilet
etwas Zitronensaft
1/2 Zwiebel (25 g)
1 TL Margarine
400 ml Fischfond
1 Lorbeerblatt
Safran
etwas Salz
frisch gemahlener Pfeffer
1 Tomate (100 g)
100 g TK-Krabben
2 EL gehackter Dill

1. Das TK-Fischfilet offen in einer
mikrowellengeeigneten Schüssel
2 Minuten bei 180 Watt antauen. Das
Fischfilet unter fließendem Wasser
waschen, trockentupfen und mit
etwas Zitronensaft beträufeln. Es
anschließend in mundgerechte
Würfel schneiden.

2. Die Zwiebelhälfte schälen und fein
würfeln. Mit der Margarine in eine
verschließbare, runde Kochschüssel
(2 l Inhalt) geben, diese offen ins
MWG stellen und das Ganze 2 Minuten bei 600 Watt andünsten.

3. Den Fischfond, die Fischwürfel
und die Gewürze dazugeben, umrühren und die Suppe zugedeckt
6 Minuten bei 600 Watt kochen
lassen.

4. Inzwischen die Tomate waschen,
den grünen Stängelansatz entfernen
und die Haut kreuzweise einschneiden. Die Tomate über Kreuz einritzen, etwa 15 Sekunden in kochendes
Wasser geben, abschrecken und die
Haut abziehen. Anschließend die
Tomate vierteln, entkernen und in
Streifen schneiden.

5. Die Krabben unter fließendem
Wasser abspülen und abtropfen lassen. Die Tomatenstücke zusammen
mit den Krabben und dem Dill in
die Suppe geben und darin 1 Minute
bei 600 Watt erwärmen.

SUPPEN UND EINTÖPFE

Gemüsesuppe „Konsul"

■ Für das Sologerät
Zubereitungszeit: ca. 25 Min.
2 Portionen
ca. 270 kcal je Portion

100 g frische Champignons
80 g Lauch
1 kleine grüne Paprikaschote (100 g)
etwas Salz
frisch gemahlener Pfeffer
1 EL Butter
1 EL Mehl
2 TL gekörnte Brühe
200 ml Wasser
1 rohes frisches Eigelb
80 g Sahne

1. Die Champignons putzen, mit einem feuchten Tuch abreiben und in dünne Scheiben schneiden.

2. Den Lauch putzen, halbieren, waschen und in dünne Ringe schneiden.

3. Die Paprikaschote waschen, halbieren, die Haut und die Kerne entfernen und das Fruchtfleisch in kleine Streifen schneiden.

4. Das Gemüse in eine verschließbare, runde Kochschüssel (2 l Inhalt) geben, würzen, die Schüssel zugedeckt ins MWG stellen und das Gemüse 5 Minuten bei 600 Watt garen.

5. Inzwischen die Butter und das Mehl sorgfältig zu einem Kloß verkneten.

6. Den Butter-Mehl-Kloß, die gekörnte Brühe und das Wasser zu dem Gemüse geben und das Ganze zugedeckt 2 Minuten bei 600 Watt erhitzen.

7. Die Suppe mit einem Schneebesen kräftig durchrühren, bis alle Klümpchen verschwunden sind, und anschließend nochmals 1 Minute bei 600 Watt erhitzen.

8. Zwei Esslöffel von der heißen Suppe abnehmen, mit dem Eigelb und der Sahne verquirlen und wieder in die heiße Suppe rühren.

31

Florentiner Champignonsuppe

■ Für das Sologerät
Zubereitungszeit: ca. 20 Min.
2 Portionen
ca. 300 kcal je Portion

200 g frische Champignons
1/2 Zwiebel (25 g)
1/2 Knoblauchzehe
150 g TK-Rahmspinat
1 EL Mehl
125 ml Milch
125 ml Wasser
2 TL gekörnte Brühe
etwas Salz
frisch gemahlener Pfeffer
1 rohes, frisches Eigelb
80 g Sahne

1. Die Champignons putzen, mit einem feuchten Tuch abreiben und in Scheiben schneiden.

2. Die Zwiebelhälfte schälen und fein würfeln. Die Knoblauchzehe schälen und zerdrücken.

3. Den Rahmspinat mit den Champignons, den Zwiebeln und dem Knoblauch in eine verschließbare, runde Kochschüssel (2 l Inhalt) geben, diese zugedeckt ins MWG stellen und das Gemüse 6 Minuten bei 600 Watt garen.

4. Das Mehl mit der Milch glatt rühren und mit dem Wasser, der gekörnten Brühe und den Gewürzen zu dem Gemüse geben. Das Ganze einmal umrühren. Die Kochschüssel zugedeckt ins MWG stellen und das Gemüse 3 Minuten bei 600 Watt eindicken.

5. Zwei Esslöffel von der heißen Suppe abnehmen, mit dem Eigelb und der Sahne verquirlen und wieder in die heiße Suppe einrühren. Sie sofort servieren.

SUPPEN UND EINTÖPFE

Schnelle Erbsensuppe

■ Für das Sologerät
Zubereitungszeit: ca. 25 Min.
2 Portionen
ca. 560 kcal je Portion

2 Kartoffeln (200 g)
1 Zwiebel (50 g)
50 g Suppengrün
200 g TK-Erbsen
1 Lorbeerblatt
gerebelter Majoran
gerebelter Thymian
150 g Cabanossi (Knoblauchwurst)
4 TL gekörnte Brühe
300 ml Wasser
frisch gemahlener Pfeffer

1. Die Kartoffeln und die Zwiebel
schälen. Die Zwiebel fein und die
Kartoffeln etwas grober würfeln. Das
Suppengrün putzen, waschen und in
kleine Stücke schneiden.

2. Die Kartoffel- und die Zwiebelwürfel mit den Erbsen, den Gewürzen und dem Suppengrün in eine
verschließbare, runde Kochschüssel
(2 l Inhalt) geben, diese zugedeckt ins
MWG stellen und die Gemüsemi-
schung 8 Minuten bei 600 Watt garen.

3. Inzwischen die Wurst in Scheiben
schneiden.

4. Die gekörnte Brühe, das Wasser
und die Wurstscheiben zu dem
Gemüse geben, mit Pfeffer würzen,
umrühren und die Suppe 5 Minuten
bei 300 Watt gar ziehen lassen.

Möhrencremesuppe mit Champagner

■ Für das Sologerät
Zubereitungszeit: ca. 25 Min.
2 Portionen
ca. 490 kcal je Portion

1 Zwiebel (40 g)
etwa 300 g Möhren
2 EL Butter oder Margarine
1 Glas Champagner
1 Tasse Gemüsebrühe (150 ml)
1 Tasse Sahne (150 g)
Salz
weißer Pfeffer aus der Mühle
1 Prise Muskatpulver
1 Prise Cayennepfeffer
3 EL gehackter Kerbel
1 EL Honig
etwas Zitronensaft

1. Zwiebel in feine Würfel, Möhre in
etwas größere Würfel schneiden.

2. Zwiebel- und Möhrenwürfel mit
der Butter oder Margarine und dem
Champagner in eine mikrowellengeeignete Form geben. Die Form
verschließen und das Gemüse bei
600 Watt 7 bis 8 Minuten garen.

3. Gemüsebrühe dazugeben und alles
mit dem Pürierstab pürieren.

4. Sahne unterziehen, mit Salz, Pfeffer,
Muskat und Cayennepfeffer würzen.

5. Das Ganze nochmals erhitzen und
anschließend mit Kerbel, Honig und
Zitronensaft aromatisieren.

SUPPEN UND EINTÖPFE

Kräutercremesuppe mit Sesamhäubchen

■ Für das Grill-Mikrowellengerät
Zubereitungszeit: ca. 25 Min.
4 Portionen
ca. 230 kcal je Portion

100 g gehackte, gemischte Kräuter
750 ml heißes Wasser
4 EL gekörnte Gemüsebrühe (Instant)
2 EL Butter
4 EL Mehl
100 g Sahne
1 EL Hefeflocken
Kräutersalz
gemahlener Pfeffer
geriebene Muskatnuss
2 frische Eier
2 EL Sesamsamen
1 EL Crème fraîche

1. Kräuter, heißes Wasser, Gemüsebrühe und Butter zusammen in eine
verschließbare, runde Kochschüssel
(2 l Inhalt) geben und zugedeckt
6 Minuten bei 850 Watt aufkochen
lassen.

2. Das Mehl mit der Sahne verrühren
und in die Kräuterbrühe einrühren.
Alles nochmals zugedeckt 3 Minuten
bei 850 Watt garen.

3. Die Kräutersuppe mit den Hefeflocken und den Gewürzen abschmecken. In vier feuerfeste Suppentassen
füllen.

4. Die Eier trennen und die Eiweiße
zu sehr steifem Schnee schlagen.

5. Von den Sesamsamen 1 Esslöffel
zurückbelassen. Den restlichen Esslöffel mit den Eigelben sowie der
Crème fraîche verrühren. Diese
Mischung mit Pfeffer und Muskat
abschmecken und den Eischnee
vorsichtig darunter heben.

6. Die Eischneemasse als Häubchen
auf die Suppen setzen und die restlichen Sesamsamen darüber streuen.
Die Suppen auf dem hohen Rost
4 Minuten unter dem Grill gratinieren. Das Ganze dann sofort
servieren.

TIPP

Die Zubereitung im Nicht-Simultan-
Gerät ist mit der oben beschriebenen
identisch.

Überbackene Zwiebelsuppe

■ Für das Grill-Mikrowellengerät
Zubereitungszeit: ca. 35 Min.
4 Portionen
ca. 310 kcal je Portion

500 g Gemüsezwiebeln
80 g Butter
2 Scheiben Vollkorntoastbrot
2 EL Mehl
600 ml heiße Fleischbrühe
150 ml trockener Weißwein
etwas Salz
gemahlener Pfeffer
gerebelter Majoran
50 g geriebener Emmentaler, 45 % F. i. Tr.

1. Die Zwiebeln schälen und in feine Ringe schneiden. Diese zusammen mit der Hälfte der Butter in eine verschließbare, runde Kochschüssel (2 l Inhalt) geben und zugedeckt 7 Minuten bei 850 Watt garen.

2. Die Toastbrotscheiben in Würfel schneiden, zusammen mit der restlichen Butter in eine ovale Backschale (26 cm lang) geben und die Brotwürfel auf dem hohen Rost 5 Minuten bei 850 Watt rösten. Das Ganze zwischendurch einmal wenden.

3. Das Mehl zu den Zwiebelringen geben und alles gut verrühren. Die Brühe und den Weißwein hinzufügen und alles zugedeckt 7 Minuten bei 850 Watt kochen.

4. Die Zwiebelsuppe mit Salz, Pfeffer und Majoran gut abschmecken und auf vier feuerfeste Suppentassen verteilen.

5. Die Toastbrotwürfel darauf geben und mit dem Emmentaler bestreuen. Die Suppe auf dem hohen Rost 5 Minuten bei 425 Watt kombiniert mit der Grillfunktion überbacken.

TIPPS

■ Bei der Zubereitung im Nicht-Simultan-Gerät ändert sich folgender Zubereitungsschritt:
Schritt 5: Die Croûtons darauf geben, mit dem Emmentaler bestreuen und auf dem hohen Rost 8 Minuten unter dem Grill überbacken.

■ Die Zwiebelsuppe ist schnell gemacht. Sie eignet sich hervorragend, wenn überraschend Gäste kommen, denn die Zutaten hat man in der Regel immer zu Hause.

Gratinierte Lauchsuppe

■ Für das Grill-Mikrowellengerät
Zubereitungszeit: ca. 35 Min.
4 Portionen
ca. 270 kcal je Portion

850 g Lauch
2 EL Butter
¾ l heiße Fleischbrühe
1 frisches Ei
2 EL Speisestärke
75 g Crème fraîche
etwas Salz
weißer Pfeffer
geriebene Muskatnuss
50 g geriebener Emmentaler, 45 % F. i. Tr.

1. Den Lauch putzen, der Länge nach halbieren und gründlich waschen. Ihn dann in feine Scheiben schneiden.

2. Den Lauch zusammen mit der Butter in einer verschließbaren, runden Kochschüssel (2 l Inhalt) zugedeckt 6 Minuten bei 850 Watt andünsten.

3. Die heiße Fleischbrühe dazugeben und alles zugedeckt 7 Minuten bei 850 Watt weitergaren.

4. Das Ei trennen. Das Eigelb mit der Speisestärke und der Crème fraîche verrühren. Die Mischung in die Suppe geben, diese mit den Gewürzen abschmecken und nochmals zugedeckt 1½ Minuten bei 850 Watt aufkochen lassen.

5. Das Eiweiß steif schlagen, den Emmentaler vorsichtig darunter heben.

6. Die Lauchsuppe auf vier feuerfeste Suppentassen verteilen und die Eischnee-Käse-Masse jeweils gleichmäßig darauf verteilen.

7. Die Suppentassen auf den hohen Rost stellen und die Suppen 5 Minuten bei 425 Watt kombiniert mit der Grillfunktion gratinieren.

TIPP

Bei der Zubereitung im Nicht-Simultan-Gerät ändert sich folgender Zubereitungsschritt:
Schritt 7: Die Suppen auf dem hohen Rost zunächst 1½ Minuten bei 850 Watt erhitzen, dann 5 Minuten unter dem Grill gratinieren.

SUPPEN UND EINTÖPFE

Hackfleischeintopf

■ Für das Sologerät
Zubereitungszeit: ca. 40 Min.
2 Portionen
ca. 530 kcal je Portion

1 Zwiebel (50 g)
50 g durchwachsener Speck
1 Kartoffel (100 g)
150 g Brechbohnen
etwas Salz
frisch gemahlener Pfeffer
2 TL gekörnte Brühe
200 ml Wasser
1 Knoblauchzehe
200 g gemischtes Hackfleisch
1 frisches Ei
edelsüßes Paprikapulver
$1/2$ TL mittelscharfer Senf
2 Tomaten (200 g)
2 TL gehackte Petersilie

1. Die Zwiebel schälen und zusammen mit dem Speck fein würfeln. Beides in eine verschließbare, runde Kochschüssel (2 l Inhalt) geben, diese offen ins MWG stellen und 3 Minuten bei 600 Watt andünsten.

2. Die Kartoffel schälen, in Scheiben schneiden und auf die Speck-Zwiebel-Masse geben. Die Bohnen putzen, waschen, in kleine Stücke schneiden und ebenfalls darauf legen. Das Gemüse mit Salz und Pfeffer würzen.

3. Die gekörnte Brühe mit dem Wasser verrühren, in die Kochschüssel gießen, umrühren und das Speckgemüse zugedeckt 11 $1/2$ Minuten bei 600 Watt garen.

4. Inzwischen das Hackfleisch mit dem Ei, Salz, Pfeffer, Paprikapulver, dem Senf und der zerdrückten Knoblauchzehe mischen und kräftig abschmecken.

5. Die Hackfleischmasse zerpflücken und in den Eintopf geben. Diesen zugedeckt ins MWG stellen und 3 Minuten bei 600 Watt garen.

6. Inzwischen die Tomaten waschen, die grünen Stängelansätze entfernen, das Fruchtfleisch achteln und in den Eintopf geben.

7. Den Eintopf nochmals zugedeckt 4 Minuten bei 600 Watt garen und anschließend mit der Petersilie bestreuen.

Pichelsteiner Eintopf

■ Für das Sologerät
Zubereitungszeit: ca. 45 Min.
2 Portionen
ca. 390 kcal je Portion

180 g Schweinenacken
150 g Rindergulasch
  aus der Keule
1 mittelgroße Möhre (100 g)
2 Kartoffeln (200 g)
1 Zwiebel (50 g)
frisch gemahlener Pfeffer
1 Lorbeerblatt
1 Nelke
etwas Salz
50 g Lauch
100 g Wirsing
1 TL Kümmel
2 TL gekörnte Brühe
250 ml Wasser

1. Das Schweinefleisch unter fließendem Wasser waschen, vom Knochen lösen und in große Würfel schneiden. Das Rindfleisch ebenfalls waschen und in kleine Stücke schneiden. Beides gleichmäßig in einer verschließbaren, runden Kochschüssel (2 l Inhalt) verteilen.

2. Die Möhre und die Kartoffeln schälen, waschen, in Scheiben schneiden und über das Fleisch schichten. Die Zwiebel schälen, fein würfeln und ebenfalls zum Fleisch geben. Das Ganze mit Pfeffer würzen.

3. Das Lorbeerblatt und die Nelke dazugeben, die Kochschüssel zugedeckt ins MWG stellen und den Eintopf 10 Minuten bei 600 Watt garen. Das Ganze anschließend salzen.

4. Inzwischen den Lauch putzen, waschen, halbieren und in feine Ringe schneiden. Den Wirsing putzen, waschen, den Strunk herausschneiden und den Kohl in dünne Streifen schneiden.

5. Das Gemüse mit in die Kochschüssel geben und nochmals mit Salz, Pfeffer und Kümmel würzen.

6. Die gekörnte Brühe mit dem Wasser verrühren und zu dem Eintopf geben. Das Ganze zugedeckt 5 Minuten bei 600 Watt und weitere 10 Minuten bei 300 Watt garen.

Mexikanischer Bohneneintopf

■ Für das Sologerät
Zubereitungszeit: ca. 30 Min.
2 Portionen
ca. 560 kcal je Portion

50 g durchwachsener Speck
1 Zwiebel (50 g)
1 kleine Stange Lauch (100 g)
100 g gemischtes Hackfleisch
1 Fleischtomate (200 g)
100 g Maiskörner aus der Dose
200 g Kidneybohnen aus der Dose
2 TL gekörnte Brühe
3 TL Tomatenmark
etwas Chilipulver
Pfeffer
etwas Salz
einige Spritzer Tabasco
100 ml Wasser

1. Den Speck fein würfeln. Die Zwiebel schälen und ebenfalls fein würfeln. Den Lauch putzen, halbieren, waschen und in sehr feine Ringe schneiden.

2. Den Speck, die Zwiebel und den Lauch mit dem Hackfleisch in einer verschließbaren, runden Kochschüssel (2 l Inhalt) mischen, diese offen ins MWG stellen und das Ganze 9 Minuten bei 600 Watt andünsten.

3. Inzwischen die Tomate waschen, den grünen Stängelansatz entfernen und das Fruchtfleisch in Würfel schneiden. Die Maiskörner und die Bohnen auf einem Sieb abtropfen lassen.

4. Die restlichen Zutaten, die Gewürze und das Wasser zu der Gemüse-Hackfleisch-Mischung geben, alles gut verrühren und zugedeckt 4 ½ Minuten bei 600 Watt garen.

VARIATION

Wenn Sie gerne scharf essen, können Sie eine halbe Peperoni fein würfeln und mit andünsten.

Gerichte mit Fleisch

Gulasch, Geschnetzeltes und auch Hackfleischgerichte gelingen in der Mikrowelle sehr gut. Folgende Tipps garantieren ein gutes Gelingen in Ihrem Gerät.

Die Fleischstücke müssen vor dem Garen gründlich gewaschen und gut trockengetupft werden. Erst danach wird das Fleisch sparsam gewürzt. Zum Schmoren benötigen Sie nur wenig Fett, was im Vergleich zum Braten in der Pfanne den gesundheitlichen Vorteil ausmacht. Mageres Fleisch sollten Sie vor dem Garen mit einem Ölfilm überziehen oder mit dünnen Speckstreifen umwickeln. Das austretende Fett hält das Fleisch saftig. Falls Sie Gemüse zu Ihrem Geschnetzelten oder Ragout dazugeben wollen, sollten Sie dieses erst kurz vor dem Ende der Garzeit des Fleisches tun. So bleibt das Gemüse bissfest und hat mehr Aroma.

Wenn Sie große Fleischstücke, wie Braten von Rind, Schwein oder Kalb in der Mikrowelle zubereiten, kann es passieren, dass der Braten nicht braun wird und keine Kruste bekommt. Das Fleischstück wird unter Umständen außen recht trocken, während innen noch ein blutiger Kern übrig bleibt. Um dies zu vermeiden, sollten Sie bei größeren Fleischstücken die Kerntemperatur mit einem Fleischthermometer messen. Stechen Sie damit in die dickste Stelle des Fleisches, denn dort ist die Temperatur am geringsten.

Wenn Sie Fleischspieße garen möchten, sollten die Spießenden etwa 1 cm frei bleiben. Metallspieße müssen mindestens 2 cm Abstand zur Garraumwand haben.

Lassen Sie größere Fleischstücke nach dem Garen 10 bis 15 Minuten an einem warmen Ort abgedeckt ruhen. Der Saft verteilt sich dabei gleichmäßig im Fleisch und geht beim Aufschneiden nicht verloren. Dabei verteilt sich auch die Wärme gleichmäßig.

Wer auf die Geschmacksstoffe des Röstens nicht verzichten will, kann das Fleisch im Bräunungsgeschirr rösten (siehe Seite 14) oder nach konventioneller Methode in der Pfanne anbraten und danach in der Mikrowelle fertig garen.

GERICHTE MIT FLEISCH

Geschnetzeltes Züricher Art

■ Für das Sologerät
Zubereitungszeit: ca. 25 Min.
2 Portionen
ca. 400 kcal je Portion

1 Zwiebel (50 g)
1 TL Margarine
300 g Kalbskeule
100 g frische Champignons
100 g Spargelspitzen aus der Dose
125 ml trockener Weißwein
100 g Sahne
1¹/₂ EL Speisestärke
etwas Salz
frisch gemahlener Pfeffer
Zucker
2 EL gehackte Petersilie oder gemischte
  Kräuter

1. Die Zwiebel schälen und in feine Würfel schneiden. Sie zusammen mit der Margarine in eine verschließbare, runde Kochschüssel (2 l Inhalt) geben, das Ganze offen ins MWG stellen und die Zwiebeln 1 ¹/₂ Minuten bei 600 Watt andünsten.

2. Inzwischen das Fleisch unter fließendem Wasser kurz waschen, trockentupfen und in feine Streifen schneiden. Das Fleisch zu den Zwiebeln geben und in der offenen Kochschüssel 4 ¹/₂ Minuten bei 600 Watt garen.

3. Die Champignons putzen, mit einem feuchten Tuch abreiben und in dünne Scheiben schneiden. Die Spargelspitzen auf einem Sieb abtropfen lassen.

4. Die Champignons, die Spargelspitzen und den Wein zu dem gegarten Fleisch geben und alles zusammen zugedeckt 5 Minuten bei 600 Watt garen.

5. Die Sahne mit der Speisestärke glatt rühren, zu der Gemüse-Fleisch-Mischung geben und verrühren.

6. Das Geschnetzelte mit den Gewürzen abschmecken und in der offenen Form nochmals 1 Minute bei 600 Watt garen. Zuletzt die Petersilie über das Gericht streuen.

41

Bœuf Stroganoff

■ Für das Sologerät
Zubereitungszeit: ca. 40 Min.
2 Portionen
ca. 230 kcal je Portion

150 g Rinderfilet
1 1/2 Zwiebeln (75 g)
1 EL Butter
50 g Champignons
2 TL gekörnte Brühe
2 EL dunkler Saucenbinder
125 g Tomaten
1 Gewürzgurke (50 g)
1 TL Senf
etwas Salz, Pfeffer
etwas Zitronensaft
1 EL saure Sahne

1. Das Rinderfilet kurz unter fließendem Wasser waschen, trockentupfen und in mundgerechte Streifen schneiden. Das Fleisch in eine verschließbare, runde Kochschüssel (2 l Inhalt) geben, diese zugedeckt ins MWG stellen und das Fleisch 3 Minuten bei 600 Watt garen.

2. Die Zwiebeln schälen und in feine Würfel schneiden. Die Champignons putzen, mit einem feuchten Tuch abreiben und in feine Scheiben schneiden. Die Zwiebeln und die Champignons zusammen mit der Butter in eine zweite verschließbare, runde Kochschüssel (2 l Inhalt) geben und dann offen 3 Minuten bei 600 Watt andünsten.

3. Die gekörnte Brühe und das Wasser zu dem Gemüse geben, einmal umrühren und das Ganze 1 1/2 Minuten bei 600 Watt erhitzen.

4. Den Saucenbinder in die Gemüsebrühe einrühren und die Sauce 2 Minuten bei 600 Watt ausquellen lassen.

5. Inzwischen die Tomaten waschen, die grünen Stängelansätze entfernen und die Haut kreuzweise einschneiden. Die Tomaten über Kreuz einritzen, etwa 15 Sekunden in kochendes Wasser geben, kalt abschrecken und die Haut abziehen. Anschließend die Tomaten vierteln, die Kerne entfernen und das Fruchtfleisch in feine Würfel schneiden.

6. Die Gewürzgurke ebenfalls fein würfeln und zusammen mit den Tomatenwürfeln in die Sauce geben.

7. Die Gemüsesauce mit dem Senf und den Gewürzen abschmecken und die Sauce 3 Minuten bei 600 Watt erhitzen.

8. Das Fleisch mit dem Fond in die Sauce geben, einmal umrühren und das Gericht nochmals 1 Minute bei 600 Watt erhitzen. Zuletzt die saure Sahne unter die Sauce rühren.

GERICHTE MIT FLEISCH

Roastbeef mit Senfkruste und Zwiebelsauce

■ Für das Grill-Mikrowellengerät
Zubereitungszeit: ca. 35 Min.
4 Portionen
ca. 630 kcal je Portion

800 g Roastbeef
etwas Salz, gemahlener Pfeffer
2 EL Pflanzenöl
1 EL körniger Senf
1 Knoblauchzehe
1 Bratensaftwürfel
1 1/2 EL Tomatenmark
125 g Crème fraîche
60 g Röstzwiebeln
2 EL dunkler Saucenbinder

1. Fleisch waschen und trockentupfen. Die Fettseite rautenförmig einschneiden. Mit der fetten Seite nach unten in eine ovale Backschale legen.

2. Fleisch salzen und pfeffern und die Oberseite mit 1 Esslöffel Öl bestreichen. Auf dem niedrigen Rost 12 Minuten bei 595 Watt kombiniert mit der Grillfunktion garen.

3. Senf, restliches Öl, Salz und Pfeffer verrühren. Den Knoblauch zerdrücken und dazugeben. Alles verrühren.

4. Fleisch wenden, die Senfpaste auf die Oberseite streichen und 7 Minuten bei 425 Watt kombiniert mit der Grillfunktion garen. Anschließend aus der Form nehmen, in Alufolie einwickeln und 10 Minuten ruhen lassen.

5. Inzwischen den Bratensaftwürfel in 1/4 l heißem Wasser auflösen und den Bratenfond in der Form damit ablöschen. Den Fond durch ein Sieb in eine verschließbare, runde Kochschüssel (1,25 l Inhalt) passieren.

6. Tomatenmark, Crème fraîche, 45 g Röstzwiebeln und Saucenbinder mit dem Fond verrühren. Zugedeckt 4 Minuten bei 850 Watt binden lassen und zwischendurch einmal umrühren. Die Sauce abschmecken.

7. Das Fleisch aufschneiden und mit den restlichen Röstzwiebeln bestreuen. Das Ganze zusammen mit der Sauce servieren.

TIPP

Bei der Zubereitung im Nicht-Simultan-Gerät ändern sich folgende Zubereitungsschritte:
Schritt 2: Fleisch salzen und pfeffern und die Oberseite mit 1 Esslöffel Öl bestreichen. Auf dem hohen Rost zunächst 4 Minuten bei 850 Watt garen, dann 8 Minuten bei 595 Watt weitergaren. Dieses danach noch 7 Minuten grillen.
Schritt 4: Fleisch wenden, die Senfpaste auf die Oberseite streichen und zunächst 2 Minuten bei 595 Watt garen. Es dann 7 Minuten grillen.

43

Rindergulasch

■ Für das Kombi-Mikrowellengerät
Zubereitungszeit: ca. 1 Std.
4 Portionen
ca. 400 kcal je Portion

5 Zwiebeln
1 EL Tomatenmark
600 g durchwachsenes, sehnenfreies
   Rindergulaschfleisch
2 EL Pflanzenöl
etwas Salz
gemahlener Pfeffer
$^1/_2$ TL scharfes Paprikapulver
2 Bratensaftwürfel
$^1/_2$ l heißes Wasser
2 EL Mehl

1. Die Zwiebeln in dünne Scheiben
schneiden. Zwiebeln, Tomatenmark,
Fleisch, Öl, Salz, Pfeffer und Paprikapulver in einer runden Kochschüssel
(2 l Inhalt) mischen.

2. Die Schüssel offen auf den niedrigen Rost ins Kombi-MWG stellen
und das Gulasch 15 Minuten bei
325 Watt und 200 °C Heißluft anbraten. Das Fleisch nach der Hälfte der
Zeit umrühren.

3. Inzwischen die Bratensaftwürfel im
heißen Wasser auflösen. Das Fleisch
nach dem Anbraten damit begießen.
Alles nochmals gut umrühren, die
Schüssel abgedeckt auf den niedrigen
Rost ins Kombi-MWG stellen und
das Gulasch 35 Minuten bei 325 Watt
und 200 °C Heißluft schmoren.

4. Währenddessen das Mehl mit
4 Esslöffeln Wasser anrühren, nach
dem Schmoren zum Fleisch geben
und alles gut umrühren.

5. Dann die Schüssel abgedeckt auf
den niedrigen Rost ins Kombi-MWG
stellen und das Gulasch 5 Minuten
bei 650 Watt aufkochen.

TIPP

Für 2 oder 6 Portionen:
Für 2 oder 6 Portionen können Sie alle
Zutatenmengen entsprechend der Per-
sonenzahl umrechnen, verwenden Sie
aber für 6 Portionen 650 ml Wasser.
Die Zeit zum Anbraten beträgt für
2 Portionen 15 Minuten bei 325 Watt
und 200 °C Heißluft; setzen Sie hier
eine kleinere runde Kochschüssel
(1,5 l Inhalt) ein. Die Zeit zum Schmoren beträgt 20 Minuten bei 325 Watt
und 200 °C Heißluft und zum Aufkochen 3 Minuten bei 650 Watt.
Für 6 Personen gelten dieselben
Herdeinstellungen, setzen Sie hier
eine ovale Kochschüssel (28 cm lang)
ein. Die Zeit zum Anbraten beträgt
etwa 15 Minuten, die Zeit zum
Schmoren etwa 45 Minuten und zum
Aufkochen etwa 6 Minuten.

GERICHTE MIT FLEISCH

Französische Pfeffersteaks

■ Für das Kombi-Mikrowellengerät
Zubereitungszeit: ca. 30 Min.
4 Portionen
ca. 520 kcal je Portion

4 Zwiebeln
80 g Butter für die Form
2 EL eingelegte grüne Pfefferkörner
4 Rinderfiletsteaks (à 180 g)
etwas Salz
bunter Steakpfeffer
2 frische Pfirsiche oder
* 4 Pfirsichhälften aus der Dose*
1 Bratensaftwürfel
200 ml heißes Wasser
2 EL Mehl
4 EL Crème fraîche

1. Die Zwiebeln fein würfeln. Eine ovale Gratinform (28 cm lang) mit Butter einfetten. Zwiebeln und Pfefferkörner hineingeben und darin gleichmäßig verteilen.

2. Die Rinderfiletscheiben leicht flach klopfen, mit Salz und Steakpfeffer würzen und auf die Zwiebeln legen.

3. Die Form auf den hohen Rost ins Kombi-MWG stellen und die Steaks 10 Minuten unter dem Grill braten. Nach der Hälfte der Zeit die Steaks wenden.

4. Inzwischen die Pfirsiche, wenn es sich um frische handelt, kurz in kochendes Wasser tauchen und

pellen. Dosenfrüchte brauchen Sie nur noch abtropfen lassen. Das Fruchtfleisch in Scheiben schneiden.

5. Den Bratensaftwürfel im heißen Wasser auflösen. Das Fleisch nach dem Grillen aus der Form nehmen und das Mehl über die Zwiebeln stäuben. Die Pfirsichscheiben dazugeben und gut umrühren.

6. Dann die Brühe mit der Crème fraîche verquirlen und in die Sauce rühren.

7. Die Steaks in die Sauce legen, die Form auf den hohen Rost ins Kombi-MWG stellen und die Steaks 11 Minuten bei 195 Watt und 250 °C Heißluft garen. Danach das Fleisch 5 Minuten ruhen lassen, die Sauce nach Belieben nochmals abschmecken und zu den Steaks servieren.

TIPP

Für 1 oder 2 Portionen:
Für 1 Portion beträgt die Zeit zum Braten 10 Minuten unter dem Grill, setzen Sie hier eine kleinere Gratinform (24 cm lang) ein. Die Zeit zum Garen beträgt 6 Minuten bei 195 Watt und 250 °C Heißluft.
Für 2 Portionen gelten dieselben Herdeinstellungen, setzen Sie auch hier die kleinere Gratinform ein. Die Zeit zum Braten beträgt 10 Minuten, zum Garen 8 1/2 Minuten.

Sauerbraten
mit Backobst

■ Für das Kombi-Mikrowellengerät
Marinierzeit: ca. 4 Tage
Zubereitungszeit: ca. 1 Std. 45 Min.
6 Portionen
ca. 780 kcal je Portion

Für die Marinade:

300 g Zwiebeln
150 g Möhren
75 g Knollensellerie
3 Petersilienwurzeln mit Kraut
75 g Lauch
750 ml Weinessig
1 1/8 l Wasser
9 Wacholderbeeren
3 Lorbeerblätter
24 Pfefferkörner
12 Pimentkörner

Außerdem:

1200 g Rinderkeule ohne Knochen
270 g Backobst
300 g Möhren
150 g Knollensellerie
150 g Lauch
3 EL Pflanzenöl
1 1/2 EL Tomatenmark
6 Bratensaftwürfel
700 ml heißes Wasser
200 ml Marinade
Salz, gemahlener Pfeffer
1 Prise Zucker

1. Die Zwiebeln in grobe Scheiben
schneiden. Möhre, Sellerie und Petersilienwurzeln in grobe Stücke, den
Lauch in grobe Ringe schneiden.

2. Den Essig und das Wasser in einen
Steintopf gießen und das Gemüse
und alle Marinadengewürze dazugeben. Das Fleisch in die Marinade einlegen und abgedeckt etwa 4 Tage an
einem kühlen Ort durchziehen lassen. Das Fleisch muss vollständig mit
Marinade bedeckt sein.

3. Das Backobst 1 Tag vor der Zubereitung in wenig Wasser einweichen.

4. Das Fleisch aus der Marinade nehmen, trockentupfen. Die Marinade
durch ein Sieb gießen, auffangen.

5. Möhren und Sellerie in Würfel
schneiden. Den Lauch in Ringe
schneiden. Das Gemüse mit dem
Öl und dem Tomatenmark in einer
ovalen Kochschüssel (2,8 l Inhalt)
vermischen.

6. Das Fleisch auf das Gemüse legen,
die Schüssel offen auf den niedrigen
Rost ins Kombi-MWG stellen und das
Fleisch 20 Minuten bei 325 Watt und
160 °C Heißluft anbraten. Nach der
Hälfte der Zeit das Fleisch wenden.

7. Inzwischen die Bratensaftwürfel im
heißen Wasser auflösen und 200 ml
Marinade dazugeben. Den Sauerbraten nochmals wenden und die Brühe
angießen. Gut umrühren, die Schüssel abgedeckt auf den niedrigen Rost
ins Kombi-MWG stellen und 70 Minuten bei 325 Watt und 160 °C Heißluft schmoren, herausnehmen und
etwa 10 Minuten ruhen lassen.

GERICHTE MIT FLEISCH

8. Inzwischen Backobst abtropfen lassen. Bratensaft duch ein Sieb passieren und in die Kochschüssel gießen. Backobst dazugeben.

9. Die Schüssel abgedeckt auf den niedrigen Rost ins Kombi-MWG stellenund die Sauce 4 Minuten bei 650 Watt aufkochen. Die Sauce zuletzt mit Salz, Pfeffer und Zucker abschmecken.

TIPP

Für 2 oder 4 Portionen:
Für 2 oder 4 Portionen können Sie alle Zutatenmengen entsprechend umrechnen, verwenden Sie aber für 2 Portionen 600 g, für 4 Portionen 900 g Rinderkeule.
Die Zeit zum Anbraten beträgt für 2 Portionen 20 Minuten bei 325 Watt und 180 °C Heißluft, setzen Sie hier eine kleinere runde Kochschüssel (1,5 l Inhalt) ein. Die Zeit zum Schmoren beträgt 40 Minuten bei 325 Watt und 180 °C Heißluft und zum Aufkochen 3 Minuten bei 650 Watt.
Für 4 Portionen gelten dieselben Herdeinstellungen, setzen Sie hier eine runde Kochschüssel (2 l Inhalt) ein. Die Zeit zum Anbraten beträgt 20 Minuten, die Zeit zum Schmoren 55 Minuten und zum Aufkochen 3 Minuten.

Kasseler mit Sauerkraut

■ Für das Sologerät
Zubereitungszeit: ca. 30 Min.
4 Portionen
ca. 370 kcal je Portion

2 Zwiebeln (100 g)
2 $^1/_2$ kleine Äpfel (250 g)
500 g Sauerkraut
200 ml Apfelwein
2 Nelken
etwas Zucker
650 g Kasseler mit Knochen

1. Die Zwiebeln schälen und fein würfeln. Die Äpfel ebenfalls schälen und in Stifte schneiden. Beides in eine verschließbare, runde Kochschüssel (2 l Inhalt) geben.

2. Das Sauerkraut, den Apfelwein und die Gewürze hinzugeben, die Kochschüssel zugedeckt ins MWG stellen und das Ganze 10 Minuten bei 600 Watt garen. Das Ganze zwischendurch einmal umrühren.

3. Inzwischen das Kasselerfleisch vom Knochen lösen und in Scheiben schneiden. Diese so in das angedünstete Sauerkraut legen, dass sie von dem Gemüse vollständig bedeckt sind. Das Kasseler mit Kraut zugedeckt weitere 13 Minuten bei 420 Watt garen.

Kalbsrouladen

■ Für das Kombi-Mikrowellengerät
Zubereitungszeit: ca. 40 Min.
4 Portionen
ca. 940 kcal je Portion

4 Kalbsschnitzel (à 120 g)
etwas Salz
gemahlener weißer Pfeffer
1 Prise gerebelter Oregano
3 Zwiebeln
160 g Tomaten
160 g Lauch
4 EL gehackte Petersilie
2 EL Tomatenmark
160 g Butter
160 g durchwachsener, geräucherter Speck
   in dünnen Scheiben
80 g gekochter Schinken
Zahnstocher oder Haushaltsgarn
2 EL Mehl
4 EL Crème fraîche
200 ml Weißwein
2 EL gekörnte Brühe (Trockenprodukt)
200 ml heißes Wasser
1 EL Zucker

1. Die Kalbsschnitzel flach klopfen und mit Salz, Pfeffer und Oregano würzen.

2. Die Zwiebeln schälen und sehr fein würfeln. Die Tomaten über Kreuz einritzen, etwa 15 Sekunden in kochendes Wasser geben, abschrecken und enthäuten. Die grünen Stängelansätze entfernen, die Tomaten vierteln und das Fruchtfleisch würfeln.

3. Den Lauch putzen, waschen und in sehr feine Ringe schneiden. Das Gemüse mit einem Teelöffel gehackter Petersilie, dem Tomatenmark und der Hälfte der Butter in eine runde Kochschüssel (2 l Inhalt) geben, mischen, die Schüssel abgedeckt auf den niedrigen Rost ins Kombi-MWG stellen und das Gemüse 4 Minuten bei 650 Watt dünsten.

4. Inzwischen die Speckscheiben längs auf die Kalbsschnitzel legen. Den gekochten Schinken in feine Würfel schneiden.

5. Das gedünstete Gemüse mit den Schinkenwürfeln verrühren und die Mischung auf die Schnitzel streichen. Dann die Fleischscheiben aufrollen und mit Zahnstochern zusammenstecken oder mit Garn zusammenbinden.

6. Die Kochschüssel mit der restlichen Butter einfetten und die Fleischrollen hineinlegen. Die Schüssel offen auf den niedrigen Rost ins Kombi-MWG stellen und die Kalbsrouladen 10 Minuten bei 325 Watt und 250 °C Heißluft garen.

7. Währenddessen das Mehl, die Crème fraîche und den Weißwein verrühren und die gekörnte Brühe im heißen Wasser auflösen.

GERICHTE MIT FLEISCH

8. Das gegarte Fleisch aus der Schüssel nehmen und die Brühe und die Mehlmischung in das Bratfett einrühren. Das Fleisch gewendet in die Sauce legen, die Schüssel abgedeckt auf den niedrigen Rost ins Kombi-MWG stellen und das Ganze 10 Minuten bei 325 Watt und 250 °C Heißluft weitergaren. Die Sauce mit Zucker und Petersilie abschmecken.

TIPP

Für 1 oder 2 Portionen:
Für 1 Portion beträgt die Zeit zum Dünsten 2 Minuten bei 650 Watt, verwenden Sie hier eine kleinere Kochschüssel (1 l Inhalt). Die Zeit zum Garen beträgt 10 Minuten bei 325 Watt und 250 °C Heißluft, die Zeit zum Weitergaren 5 Minuten bei 325 Watt und 250 °C Heißluft.
Für 2 Portionen gelten dieselben Herdeinstellungen. Die Zeit zum Dünsten beträgt 3 Minuten (in einer Kochschüssel mit 1,5 l Inhalt). Die Zeit zum Garen beträgt 10 Minuten, zum Weitergaren 7 ½ Minuten.

Glasiertes Kasseler

▩ Für das Sologerät
Zubereitungszeit: ca. 25 Min.
4 Portionen
ca. 500 kcal je Portion

1 kg Kasseler mit Knochen
1 EL Aprikosenmarmelade
2 TL Honig
1 TL Whisky, 43 Vol.-%
Ingwerpulver
gemahlener Koriander

1. Das Kasseler vom Knochen lösen und mit der Fettseite nach oben in eine ovale Gratinform (23,5 cm lang) legen.

2. Die Marmelade mit dem Honig verrühren und mit Whisky, Ingwer und Koriander abschmecken. Das Kasseler mit der Glasur bestreichen, die Form offen ins MWG stellen und das Fleisch 7 Minuten bei 600 Watt und weitere 13 Minuten bei 420 Watt garen.

3. Das Kasseler nach dem Garen 10 Minuten zugedeckt ruhen lassen und erst nach der Standzeit in dünne Scheiben schneiden.

GERICHTE MIT FLEISCH

Kalbsfilet im Spinat-Speck-Mantel

■ Für das Kombi-Mikrowellengerät
Zubereitungszeit: ca. 45 Min.
4 Portionen
ca. 1320 kcal je Portion

200 g TK-Blattspinat
1200 g Kalbsfilet
etwas Salz
gemahlener weißer Pfeffer
400 g fetter Speck
  in dünnen Scheiben
Haushaltsgarn
2 EL Pflanzenöl für die Form
1 Bratensaftwürfel
200 ml heißes Wasser
2 EL Mehl
200 ml trockener Weißwein
4 EL Sahne, 30 % Fett
2 EL gehackte Petersilie
1 Bund gehackter Kerbel

1. Den gefrorenen Spinat in eine runde Kochschüssel (1 l Inhalt) geben, abgedeckt auf den niedrigen Rost ins Kombi-MWG stellen und 4 Minuten bei 650 Watt auftauen.

2. Inzwischen das Fleisch rundherum mit Salz und Pfeffer einreiben. Die Speckscheiben an den Längsseiten leicht überlappend auf einer Arbeitsfläche ausbreiten.

3. Spinat auf dem Speck verteilen. Filet darauflegen und darin einwickeln. Den Speck mit Garn befestigen.

4. Eine ovale Gratinform mit Öl einfetten. Filet hineinlegen und in der offenen Form 25 Minuten bei 455 Watt und 220 °C Heißluft garen. Das Fleisch danach aus der Form nehmen und etwa 10 Minuten ruhen lassen.

5. Bratensaftwürfel im heißen Wasser auflösen. Mehl ins Bratfett rühren, Brühe und Weißwein angießen und alles gut verrühren.

6. Die Form abgedeckt auf den niedrigen Rost stellen und die Sauce 6 Minuten bei 650 Watt aufkochen. Danach nochmals abschmecken und mit Sahne, Petersilie und Kerbel verfeinern.

TIPP

Für 1 oder 2 Portionen:
Für 1 Portion beträgt die Zeit zum Auftauen 1 Minute bei 650 Watt, die Zeit zum Garen 10 Minuten bei 455 Watt und 220 °C Heißluft, setzen Sie hier eine kleinere Gratinform (24 cm lang) ein. Die Zeit zum Aufkochen beträgt 2 Minuten bei 650 Watt. Für 2 Portionen gelten dieselben Herdeinstellungen. Die Zeit zum Auftauen beträgt dann 2 Minuten, die Zeit zum Garen 17 Minuten, in der gleichen Form wie für 1 Portion beschrieben. Die Zeit zum Aufkochen beträgt 4 Minuten.

Wirsingrouladen

▨ Für das Sologerät
Zubereitungszeit: ca. 40 Min.
2 Portionen
ca. 380 kcal je Portion

240 g Wirsing
etwas Salz
frisch gemahlener Pfeffer
gerebelter Oregano
1 kleine Möhre (60 g)
1 Zwiebel (50 g)
200 g Rinderhackfleisch
1 frisches Ei
2 EL gehackte Petersilie
etwas Chilipulver
Holzzahnstocher
2 TL gekörnte Brühe
1 1/2 TL Tomatenmark
200 ml Wasser
2 EL Crème fraîche

1. Die Wirsingblätter vom Strunk lösen, waschen und den unteren Teil des Blattstrunkes herausschneiden. Die Blätter unabgetropft in eine verschließbare, runde Kochschüssel (2 l Inhalt) geben, diese zugedeckt ins MWG stellen und den Wirsing 8 Minuten bei 600 Watt blanchieren. Das Blanchierwasser beiseite stellen.

2. Die Blätter auf einem Brett auslegen und die Innenseiten mit Salz, Pfeffer und Oregano würzen.

3. Die Möhre schälen, kurz waschen und fein raspeln, die Zwiebel ebenfalls schälen und fein würfeln. Beides in der offenen Kochschüssel 3 Minuten bei 600 Watt andünsten.

4. Für die Füllung die Möhrenraspel, die Zwiebel, das Hackfleisch, das Ei und die Kräuter und Gewürze zu einem Hackteig kneten und diesen kräftig abschmecken.

5. Die Wirsingblätter für 2 Rouladen schuppenförmig aufeinander legen und die Füllung darauf verteilen. Die Blätter zu Rouladen zusammenrollen und mit den Holzstäbchen sorgfältig feststecken.

6. Das Blanchierwasser wieder in die Kochschüssel geben und die Rouladen hineinlegen. Die gekörnte Brühe, das Tomatenmark und das Wasser hinzufügen und die Rouladen zugedeckt 9 Minuten bei 600 Watt garen.

7. Zuletzt die Crème fraîche in die Sauce geben, diese gut durchrühren und nochmals mit den Gewürzen kräftig abschmecken.

Falscher Hase

■ Für das Sologerät
Zubereitungszeit: ca. 20 Min.
4 Portionen
ca. 650 kcal je Portion

3 hart gekochte Eier
¹/₂ TL Butter für die Form
2 altbackene Brötchen (100 g)
2 Zwiebeln (100 g)
700 g gemischtes Hackfleisch
2 frische Eier
etwas Salz
frisch gemahlener Pfeffer
edelsüßes Paprikapulver

1. Die gekochten Eier schälen und eine
mikrowellengeeignete Kastenform
(28 cm lang) mit der Butter einfetten.

2. Die Brötchen in kaltem Wasser einweichen und die Zwiebeln schälen
und fein würfeln.

3. Die Brötchen gut ausdrücken und
mit Zwiebeln, Hackfleisch, Eiern und
Gewürzen zu einem festen Teig verkneten. Einen länglichen Laib formen, in die Form legen und in die
Mitte eine Furche drücken.

4. Die hart gekochten Eier hineinlegen, den Fleischteig darüber zusam-
menziehen und wieder festdrücken.

5. Die Form offen ins MWG stellen
und den Hackbraten 16 Minuten bei
600 Watt garen. Anschließend den
Braten 10 Minuten ruhen lassen und
erst dann in Scheiben schneiden.

Hackrolle mit Schafskäse

■ Für das Sologerät
Zubereitungszeit: ca. 30 Min.
4 Portionen
ca. 510 kcal je Portion

1 altbackenes Brötchen (50 g)
100 g Schafskäse, 40 % F. i. Tr.
50 g Pistazienkerne
500 g gemischtes Hackfleisch
1 frisches Ei
etwas Salz
frisch gemahlener Pfeffer
Currypulver
2 EL gemischte, gehackte Kräuter

1. Das altbackene Brötchen in Wasser
einweichen. Inzwischen den Schafskäse fein würfeln und die Pistazienkerne grob hacken.

2. Brötchen ausdrücken und mit
Hackfleisch, Ei, Gewürzen und Kräu-
tern zu einem festen Teig verkneten.
Den Hackteig zu einer rechteckigen
Platte (28 × 45 cm) ausrollen.

3. Schafskäse und Pistazienkerne auf
dem Hackteig verteilen, diesen an allen vier Seiten 2 cm breit einschlagen
und von der schmalen Seite her aufrollen. Die Hackrolle in eine ovale
Gratinform legen, diese offen ins
MWG stellen und die Hackrolle
16 Minuten bei 600 Watt garen.

4. Die Hackrolle anschließend 10 Minuten zugedeckt ruhen lassen und
erst dann in Scheiben schneiden.

GERICHTE MIT FLEISCH

Königsberger Klopse

■ Für das Sologerät
Zubereitungszeit: ca. 30 Min.
4 Portionen
ca. 550 kcal je Portion

1 altbackenes Brötchen (50 g)
1 Zwiebel (50 g)
500 g gemischtes Hackfleisch
1 frisches Ei
etwas Salz
frisch gemahlener Pfeffer
1 Lorbeerblatt
400 ml Wasser
2 EL Mehl
2 EL Butter
100 g Sahne
1 EL Kapern
etwas Zitronensaft
30 ml trockener Weißwein

1. Das Brötchen in kaltem Wasser einweichen. Die Zwiebel schälen, fein würfeln und in einer offenen Kochschüssel (1 l Inhalt) 1½ Minuten bei 600 Watt andünsten.

2. Das Brötchen ausdrücken und mit den Zwiebeln, dem Hackfleisch, dem Ei und den Gewürzen zu einem festen Hackteig verkneten. Aus dem Teig 8 Klöße formen.

3. Das Lorbeerblatt mit dem Wasser in eine verschließbare, runde Kochschüssel (2 l Inhalt) geben, die Schüssel zugedeckt ins MWG stellen und das Wasser 4 Minuten bei 600 Watt kochen. Danach das Lorbeerblatt entfernen.

4. Inzwischen das Mehl und die Butter zu einem Kloß verkneten.

5. Die Hackklößchen und den Butter-Mehl-Kloß in den heißen Sud geben und die Klößchen darin zugedeckt 6½ Minuten bei 600 Watt garen.

6. Anschließend die Hackklößchen aus der Sauce nehmen, warm stellen und die Sauce mit einem Schneebesen kräftig durchrühren, bis sich die Mehlbutter vollständig aufgelöst hat. Die Sauce nochmals 1 Minute bei 600 Watt aufkochen lassen.

7. Die Sahne und die Kapern in die Sauce geben und mit dem Zitronensaft, dem Weißwein, Salz und Pfeffer abschmecken. Zuletzt die Klöße wieder in die Sauce legen.

Schweizer Hackschnitzel

■ Für das Grill-Mikrowellengerät
Zubereitungszeit: ca. 35 Min.
4 Portionen
ca. 710 kcal je Portion

1 altbackenes Brötchen
500 g gemischtes Hackfleisch
1 Zwiebel
1 Knoblauchzehe
1 EL gehackte Petersilie
100 g geriebener Emmentaler, 45 % F. i. Tr.
2 frische Eier
etwas Salz
gemahlener Pfeffer
geriebene Muskatnuss
edelsüßes Paprikapulver
1 große Fleischtomate
gerebeltes Basilikum
8 Scheiben Emmentaler, 45 % F. i. Tr.

1. Das Brötchen in etwas kaltem Wasser quellen lassen. Das Hackfleisch in eine Schüssel geben.

2. Die Zwiebel schälen und fein würfeln. Die Knoblauchzehe schälen und zerdrücken.

3. Das Brötchen gut ausdrücken und zusammen mit Zwiebel, Knoblauch, Petersilie, geriebenem Emmentaler und Eiern zum Hackfleisch geben. Alles kräftig verkneten und mit den Gewürzen pikant abschmecken.

4. Aus der Masse 8 „Schnitzel" formen, diese in eine ovale Backschale legen und auf dem hohen Rost 10 Minuten bei 425 Watt kombiniert mit der Grillfunktion garen. Die Schnitzel wenden und auf der anderen Seite 8 Minuten bei gleicher Einstellung weitergaren.

5. Die Fleischtomate waschen und den Stielansatz herausschneiden. Die Tomate in 8 gleich dicke Scheiben schneiden und auf die Hackschnitzel legen.

6. Die Tomaten mit Basilikum und Pfeffer bestreuen, jedes Schnitzel mit einer Scheibe Emmentaler belegen und alles im MWG auf dem hohen Rost 3 Minuten bei 425 Watt kombiniert mit der Grillfunktion überbacken.

TIPP

Bei der Zubereitung im Nicht-Simultan-Gerät ändern sich folgende Zubereitungsschritte:
Schritt 4: Aus der Masse mit feuchten Händen 8 „Schnitzel" formen, diese in eine ovale Backschale (32 cm lang) legen und zunächst 15 Minuten bei 595 Watt garen, dann 7 Minuten unter dem Grill auf dem hohen Rost grillen. Danach die Schnitzel wenden und noch 7 Minuten weitergrillen.
Schritt 6: Die Schnitzel mit Basilikum und Pfeffer bestreuen. Jedes Schnitzel mit einer Scheibe Emmentaler belegen und alles 2 Minuten bei 850 Watt garen. Danach 10 Minuten unter dem Grill überbacken.

GERICHTE MIT FLEISCH

Kasseler mit Senfkruste

■ Für das Grill-Mikrowellengerät
Zubereitungszeit: ca. 20 Min.
4 Portionen
ca. 470 kcal je Portion

600 g Kasseler ohne Knochen
100 g Sahne
2 EL Mehl
2 EL Senf
1 TL gehackte Petersilie
1 TL gehackter Estragon
1 TL Schnittlauchröllchen

1. Das Fleisch waschen, trockentupfen und in 8 gleich große Scheiben schneiden.

2. Die Scheiben in eine ovale Auflaufform (32 cm lang) legen.

3. Restliche Zutaten miteinander verrühren und das Kasseler damit bestreichen. Auf dem niedrigen Rost 13 Minuten bei 595 Watt kombiniert mit der Grillfunktion garen.

TIPP

Bei der Zubereitung im Nicht-Simultan-Gerät ändert sich folgender Zubereitungsschritt:
Schritt 3: Restliche Zutaten miteinander verrühren und das Kasseler damit bestreichen. Auf dem hohen Rost 5 Minuten bei 850 Watt garen, dann 10 Minuten bei 595 Watt. Schließlich 6 Minuten grillen.

Florentiner Medaillons

■ Für das Grill-Mikrowellengerät
Zubereitungszeit: ca. 40 Min.
4 Portionen
ca. 570 kcal je Portion

600 g Schweinelende
schwarzer Pfeffer
16 Blätter Salbei
8 Scheiben Speck (ca. 150 g)
3 EL Olivenöl

1. Lende waschen, trockentupfen und in 8 Scheiben schneiden. Pfeffern.

2. Die Salbeiblätter waschen, trockentupfen und auf jedes Medaillon 2 Blätter legen.

3. Medaillons mit Speck umwickeln und mit Olivenöl bestreichen.

4. Die Medaillons auf dem hohen Rost 15 Minuten bei 850 Watt kombiniert mit der Grillfunktion grillen. Dann das Fleisch wenden und die andere Seite 12 Minuten bei 255 Watt kombiniert mit der Grillfunktion grillen.

TIPP

Bei der Zubereitung im Nicht-Simultan-Gerät ändert sich folgender Zubereitungsschritt:
Schritt 4: Medaillons auf dem hohen Rost erst 15 Minuten bei 425 Watt garen. Dann 10 Minuten grillen. Danach das Fleisch wenden und die andere Seite 10 Minuten grillen.

Serbische Spieße mit Chilisauce

■ Für das Grill-Mikrowellengerät
Zubereitungszeit: ca. 35 Min.
4 Portionen
ca. 580 kcal je Portion

300 g Schweinelende
300 g Kalbslende
6 EL Olivenöl
2 EL Rotweinessig
3 Knoblauchzehen
1 TL edelsüßes Paprikapulver
1/2 TL scharfes Paprikapulver
1/2 TL Thymian
etwas Salz
3 mittelgroße weiße Zwiebeln
1 mittelgroße rote Zwiebel
2 Chilischoten
2 EL Schnittlauchröllchen
150 g Crème fraîche
2 EL Remoulade, 80 % Fett
weißer Pfeffer

1. Das Fleisch waschen, trockentupfen und in große Würfel schneiden.

2. Aus 4 Esslöffeln Olivenöl, dem Essig, 2 geschälten und zerdrückten Knoblauchzehen, 1/2 Teelöffel edelsüßem Paprikapulver, dem scharfen Paprikapulver sowie Thymian und Salz eine Marinade zubereiten. Das Fleisch in die Marinade einlegen und zugedeckt etwa 12 Stunden marinieren lassen. Gelegentlich umrühren.

3. Zwei weiße Zwiebeln und die rote Zwiebel schälen und alle in Achtel schneiden. Das Fleisch aus der Marinade nehmen und in einem Sieb gut abtropfen lassen.

4. Die Fleischwürfel abwechselnd mit den Zwiebelstücken auf vier Holzspieße (20 cm lang) stecken und mit 2 Esslöffeln Olivenöl bestreichen.

5. Die Spieße auf dem hohen Rost 12 Minuten bei 255 Watt kombiniert mit der Grillfunktion grillen. Dann die Spieße wenden und auf der anderen Seite ungefähr 10 Minuten bei 850 Watt kombiniert mit der Grillfunktion weitergrillen.

6. In der Zwischenzeit für die Chilisauce die restliche Zwiebel schälen und fein würfeln, die restliche Knoblauchzehe schälen und mit einer Knoblauchpresse zerdrücken.

7. Die Chilischoten waschen, halbieren und entkernen. Die Schotenhälften in feine Scheiben schneiden.

8. Schnittlauch, Zwiebeln, Knoblauch und Chilis mit Crème fraîche und Remoulade verrühren und mit Salz, Pfeffer und edelsüßem Paprikapulver abschmecken. Die Chilisauce zu den Spießen servieren.

GERICHTE MIT FLEISCH

TIPP

Bei der Zubereitung im Nicht-Simultan-Gerät ändert sich folgender Zubereitungsschritt:
Schritt 5: Die Spieße auf dem hohen Rost zunächst 10 Minuten bei 595 Watt garen, dann 10 Minuten grillen. Danach die Spieße wenden und auf der anderen Seite noch 10 Minuten weitergrillen.

Chili-Spareribs

▨ Für das Grill-Mikrowellengerät
Zubereitungszeit: ca. 30 Min.
2 Portionen
ca. 1370 kcal je Portion

50 g Chilisauce aus dem Glas
1 1/2 EL Honig
1 EL Sojasauce
2 EL Olivenöl
1 TL edelsüßes Paprikapulver
2 TL Senf
etwas Zitronensaft
1 kg Spareribs (Schweinerippenstücke)
etwas Salz

1. Aus den ersten 7 Zutaten eine Marinade zubereiten. Die Spareribs waschen, trockentupfen, in eine ovale Backschale (32 cm lang) legen und mit der Marinade bestreichen. Das Fleisch etwa 3 Stunden zugedeckt im Kühlschrank marinieren lassen.

2. Die Spareribs auf den hohen Rost legen und 12 Minuten bei 595 Watt kombiniert mit der Grillfunktion grillen. Dann das Fleisch wenden und 10 Minuten bei 425 Watt kombiniert mit der Grillfunktion weitergrillen. Die Spareribs erst nach dem Grillen salzen.

TIPP

Bei der Zubereitung im Nicht-Simultan-Gerät ändert sich folgender Zubereitungsschritt:
Schritt 2: Die Spareribs auf dem hohen Rost zunächst 9 Minuten bei 850 Watt garen, dann etwa 9 Minuten grillen. Danach das Fleisch wenden und auf der anderen Seite zunächst 8 Minuten bei 595 Watt garen, dann etwa 7 Minuten grillen.

Schnitzel mit Aprikosen

■ Für das Sologerät
Zubereitungszeit: ca. 19 Min.
2 Portionen
ca. 410 kcal je Portion

2 Schweineschnitzel (je à 125 g)
$1^1/_2$ EL Öl
$^1/_2$ TL gerebelter Thymian
Salz
frisch gemahlener Pfeffer
4 bis 5 Aprikosen
150 ml Marsala oder Weißwein
1 kleine Schalotte (15 g)
$^1/_2$ TL Honig
$^1/_2$ TL grüne Pfefferkörner
1 Msp. Cayennepfeffer
$^1/_2$ TL Butter

1. Die beiden Schnitzel beidseitig mit Öl bestreichen und mit Thymian, Salz und Pfeffer würzen. Die Aprikosen halbieren, entsteinen und in Schnitze schneiden. Diese Schnitze in Marsala oder Weißwein legen.

2. Die Schalotte schälen und hacken. Im MWG in einer halbhohen Schüssel die Schalottenstückchen und die beiden Schweineschnitzel von jeder Seite $1^1/_2$ Minuten bei 600 Watt (500 Watt 2 Minuten) vorgaren (oder Bräunungsgeschirr erhitzen und die Schnitzel darin anbraten).

3. Die Hälfte des Marsalas oder des Weißweins, in dem die Aprikosenstücke eingelegt sind, zu den Schweineschnitzeln gießen und das Ganze zugedeckt $3^1/_2$ Minuten bei 450 bis 500 Watt dünsten.

4. Dann die Schweineschnitzel herausnehmen und den Sud offen $1^1/_2$ Minuten bei 600 Watt (500 Watt 2 Minuten) kochen. Danach die andere Hälfte des Marsalas beziehungsweise Weißweins dazurühren, die Schweineschnitzel hineingeben und die Aprikosenstücke dekorativ um das Schnitzel anordnen.

5. Den Honig, die grünen Pfefferkörner, den Cayennepfeffer und die Butter einrühren und das Ganze zugedeckt rund 1 bis 2 Minuten bei 450 bis 500 Watt erhitzen.

TIPP

Dazu passen Nudeln oder Pommes frites, feiner Gurkensalat und Rotwein (wenn Marsala genommen wurde) oder Weißwein.

Würzige Lammkeule

■ Für das Grill-Mikrowellengerät
Zubereitungszeit: ca. 1 Std.
4 Portionen
ca. 1000 kcal je Portion

125 ml trockener Rotwein
6 EL Olivenöl
3 Knoblauchzehen
schwarzer Pfeffer
1 Lorbeerblatt
3 Gewürznelken
gerebelter Thymian
gerebelter Rosmarin
1,5 kg Lammfleisch aus der Keule
etwas Salz
1 Zwiebel
1 große Möhre
1 große Gewürzgurke
100 g Sahne
2 EL dunkler Saucenbinder
1 EL Senf

1. Rotwein mit dem Öl verrühren. Knoblauch zerdrücken und dazugeben. Die Gewürze und die Kräuter hinzufügen, alles gut vermischen.

2. Die Lammkeule waschen, trockentupfen. In die Marinade legen und 12 Stunden ziehen lassen. Gelegentlich wenden.

3. Die Keule abtropfen lassen (die Marinade aufheben), salzen und pfeffern. Sie in eine ovale Backschale (26 cm lang) legen und ohne Rost 20 Minuten bei 595 Watt kombiniert mit der Grillfunktion braten.

4. Keule wenden und erst 10 Minuten bei 595 Watt garen. Dann für 10 Minuten bei 595 Watt kombiniert mit der Grillfunktion braten.

5. Die Keule in Alufolie einwickeln und etwa 10 Minuten ruhen lassen.

6. Inzwischen Zwiebel und Möhre grob würfeln. Das Gemüse mit etwa 50 ml der Rotweinmarinade in eine verschließbare, runde Kochschüssel (2 l Inhalt) geben.

7. Den Bratensaft in der Backschale mit der restlichen Marinade ablöschen und durch ein Sieb zum Gemüse geben.

8. Gewürzgurke in Streifen schneiden und mit den restlichen Zutaten ebenfalls in die Kochschüssel geben. Alles gut verrühren, abschmecken und die Gemüsesauce 5 Minuten bei 850 Watt kochen.

TIPP

Bei der Zubereitung im Nicht-Simultan-Gerät ändern sich folgende Zubereitungsschritte:
Schritt 3: Die Keule abtropfen lassen, salzen und pfeffern. In eine ovale Backschale legen und ohne Rost erst 15 Minuten bei 850 Watt garen, dann 10 Minuten grillen.
Schritt 4: Keule wenden und erst 25 Minuten bei 595 Watt garen, dann 10 Minuten grillen.

GERICHTE MIT FLEISCH

Lammrücken mit Kräuterkruste

■ Für das Grill-Mikrowellengerät
Zubereitungszeit: ca. 25 Min.
4 Portionen
ca. 620 kcal je Portion

700 g Lammrücken ohne Knochen
etwas Salz
gemahlener Pfeffer
2 EL Senf
1 EL gehackte Petersilie
1 TL gerebeltes Basilikum
1 TL gerebelter Salbei
gerebelter Thymian
gerebelter Rosmarin
2 Schalotten
2 TL Semmelbrösel

1. Das Fleisch waschen, trockentupfen, mit Salz und Pfeffer leicht würzen und in eine ovale Auflaufform (32 cm lang) legen.

2. Den Senf mit den Kräutern verrühren. Die Schalotten schälen, fein würfeln und unter den Senf rühren. Das Fleisch auf der Oberseite mit der Senfpaste bestreichen.

3. Die Semmelbrösel auf die Senfpaste streuen und den Lammrücken auf dem hohen Rost 15 Minuten bei 425 Watt kombiniert mit der Grillfunktion garen. Ihn anschließend sofort servieren.

TIPP

Bei der Zubereitung im Nicht-Simultan-Gerät ändert sich folgender Zubereitungsschritt:
Schritt 3: Die Semmelbrösel auf die Senfpaste streuen und den Lammrücken auf dem hohen Rost zunächst 12 Minuten bei 425 Watt garen, dann 12 Minuten grillen.

Lammcurry

■ Für das Kombi-Mikrowellengerät
Zubereitungszeit: ca. 50 Min.
4 Portionen
ca. 1080 kcal je Portion

800 g Lammfleisch aus der Schulter
8 Knoblauchzehen
10 Zwiebeln
etwas Salz
gemahlener Pfeffer
2 EL Currypulver
2 EL Zucker
2 EL Pflanzenöl
2 EL Mehl
1 EL gekörnte Brühe
  (Trockenprodukt)
600 ml heißes Wasser
2 Bananen
3 Äpfel
2 EL Mangochutney aus dem Glas
4 EL Crème fraîche

1. Das Lammfleisch in Würfel von etwa 2 cm Kantenlänge schneiden. Die Knoblauchzehen und die Zwiebeln schälen. Den Knoblauch zerdrücken und die Zwiebeln fein würfeln.

2. Beides mit dem Fleisch in eine ovale Kochschüssel (2,8 l Inhalt) geben und mit Salz, Pfeffer, Curry und Zucker würzen. Das Öl und das Mehl hinzufügen und alles gut verrühren.

3. Die Schüssel offen auf den niedrigen Rost ins Kombi-MWG stellen und das Lammcurry 10 Minuten bei 325 Watt und 250 °C Heißluft anbraten.

4. Inzwischen die gekörnte Brühe im heißen Wasser auflösen. Nach dem Anbraten die Brühe zum Fleisch gießen und umrühren. Die Schüssel abgedeckt auf den niedrigen Rost ins Kombi-MWG stellen und das Curry 25 Minuten bei 455 Watt garen.

5. Währenddessen die Bananen in Scheiben schneiden. Die Äpfel vom Kerngehäuse befreien und klein würfeln.

6. Obst, Mangochutney und Crème fraîche zum Fleisch geben und alles gut verrühren. Schüssel abgedeckt auf den niedrigen Rost ins Kombi-MWG stellen und das Curry 5 Minuten bei 650 Watt aufkochen. Das Gericht anschließend nochmals abschmecken.

TIPP

Für 1 oder 2 Portionen:
Für 1 Portion beträgt die Zeit zum Anbraten 10 Minuten bei 325 Watt und 250 °C Heißluft, verwenden Sie hier eine runde Kochschüssel (1 l Inhalt). Die Zeit zum Garen beträgt 10 Minuten bei 455 Watt, die Zeit zum Aufkochen 3 Minuten bei 650 Watt.
Für 2 Portionen gelten dieselben Herdeinstellungen. Die Zeit zum Anbraten beträgt 10 Minuten, setzen Sie hier eine runde Kochschüssel (1,5 l Inhalt) ein. Die Zeit zum Garen beträgt 15 Minuten und zum Aufkochen nochmals 4 Minuten.

Gerichte mit Geflügel und Wild

Brauchten Sie früher Stunden, um ein eingefrorenes Gericht, einen Braten oder Geflügel aufzutauen, so reichen Ihnen mit dem Mikrowellengerät dafür Minuten. Sie müssen sogar ab und zu die Geschwindigkeit der Mikrowelle bremsen und Ruhepausen einlegen, damit die erzeugte Wärme Zeit hat, sich nach innen auszubereiten. Knochen, Sehnen und Gräten nehmen Mikrowellen schlecht auf. Das dahinter liegende Fleisch bleibt fest und hart. Wenden Sie das Auftaugut deshalb mehrmals.

Da die Auftauzeit durch die Mikrowelle sehr stark verkürzt wird, können Sie diesem Vorgang ruhig ein paar Minuten mehr einräumen. Dies verbessert die Qualität wesentlich. Um ein Austrocknen der Oberflächen zu verhindern, decken Sie das Tiefgefrorene im Mikrowellenherd mit Frischhaltefolie oder Pergamentpapier ab.

Geflügel sollte vollständig aufgetaut sein, bevor Sie es für das Garen vorbereiten. Nach dem Auftauen muss Geflügel aus hygienischen Gründen unbedingt gründlich innen und außen unter fließendem Wasser gewaschen werden. Danach gut trockentupfen.

Unterschiedlich dickes Gargut, besonders bei Geflügel, erfordert unterschiedliche Garzeiten. Decken Sie deshalb die dünneren Teile oder hervorstehende Knochen mit Alufolie ab (Metallverträglichkeit des Gerätes beachten und den Sicherheitsabstand von 2 cm zur Garraumwand einhalten!). Dieses gilt sowohl für das Auftauen als auch für das Garen. Entfernen Sie die Folie kurz vor dem Ende der Auftau- bzw. Garzeit.

Hähnchen kann man während des Garens mit einem Gemisch aus Sahne und Paprika bepinseln; dann wird die Haut dunkel und kross. Wildfleisch, das in der Regel sehr mager ist, sollten Sie vor dem Braten mit dünnen Speckscheiben umwickeln. Das ausbratene Fett des Speckes hält das Fleisch saftig. Durch Marinieren wird Wildfleisch noch zarter und erhält eine immer wieder andere, interessante Geschmacksnote.

Glasierte Putenbrust

■ Für das Sologerät
Zubereitungszeit: ca. 10 Min.
2 Portionen
ca. 170 kcal je Portion

300 g Putenbrust
etwas Salz
2¹/₂ TL mittelscharfer Senf
1 TL Honig
3 TL Zitronensaft
Currypulver
Ingwerpulver
Nelkenpulver

1. Die Putenbrust unter fließendem Wasser waschen, trockentupfen und salzen.

2. Für die Glasur die restlichen Zutaten miteinander verrühren. Die Putenbrust damit bestreichen, in eine ovale Gratinform (20 cm lang) legen und 6 Minuten bei 600 Watt garen.

Putengeschnetzeltes mit Gorgonzolasauce

■ Für das Sologerät
Zubereitungszeit: ca. 15 Min.
2 Portionen
ca. 536 kcal je Portion

300 g Putenschnitzel
frisch gemahlener Pfeffer
etwas Salz
100 g Sahne
1 EL heller Saucenbinder (12 g)
100 g Gorgonzola, 50 % F. i. Tr.
2 EL gehacktes Basilikum

1. Das Putenfleisch unter fließend kaltem Wasser kurz waschen, trockentupfen und in mundgerechte Würfel schneiden. Die Würfel mit Pfeffer bestreuen, in eine verschließbare, runde Kochschüssel (2 l Inhalt) geben, diese offen ins MWG stellen und das Fleisch 5 Minuten bei 600 Watt garen. Anschließend das Fleisch salzen.

2. Inzwischen die Sahne mit dem Saucenbinder verrühren. Den Gorgonzola würfeln und in die Sahne geben.

3. Die Sahne-Käse-Mischung über das Fleisch gießen und das Ganze zugedeckt 4 Minuten bei 600 Watt garen. Nach dem Garen das Fleisch mit dem Basilikum bestreuen.

Chinesisches Putengeschnetzeltes

■ Für das Sologerät
Zubereitungszeit: ca. 20 Min.
2 Portionen
ca. 250 kcal je Portion

300 g Putenschnitzel
4 1/2 EL Sojasauce
1 Zwiebel (50 g)
1 kleine rote Paprikaschote (100 g)
50 g Bambussprossen aus der Dose
50 g Sojabohnenkeimlinge
    aus der Dose
50 g TK-Erbsen
eventuell 1 TL Speisestärke
Currypulver
edelsüßes Paprikapulver

1. Das Putenfleisch kurz unter fließendem Wasser waschen, trockentupfen und in Würfel schneiden. Das Fleisch mit 3 Esslöffeln der Sojasauce mischen und anschließend etwa 1 Stunde darin marinieren.

2. Die Zwiebel schälen und in feine Ringe schneiden. Die Paprikaschote waschen, halbieren, die Häute und die Kerne entfernen und das Fruchtfleisch in kurze Streifen schneiden.

3. Die Bambussprossen abtropfen lassen und in kurze Streifen schneiden. Die Keimlinge auch abtropfen lassen.

4. Das zerkleinerte Gemüse, die Erbsen und die Sojabohnenkeimlinge in eine verschließbare, runde Kochschüssel (2 l Inhalt) geben und das marinierte Putenfleisch darauf legen. Die Schüssel zugedeckt ins MWG stellen und das Ganze 8 Minuten bei 600 Watt garen.

5. Falls Sie die Sauce binden möchten, die Speisestärke mit 200 ml Wasser verrühren, über das Geschnetzelte geben und das Ganze zugedeckt 2 Minuten bei 600 Watt aufkochen lassen.

6. Das Geschnetzelte mit der restlichen Sojasauce, Curry und Paprikapulver abschmecken

VARIATION

Je nach Geschmack können Sie für das Gemüse auch Lauch, Morcheln und Bambussprossen nehmen. Verwenden Sie 100 g Lauch und 50 g Bambussprossen. Da Morcheln schwierig zu erhalten sind, können Sie auf 10 g getrocknete Pilze zurückgreifen. Diese Pilze müssen nach der Anweisung auf der Packung vor der Verarbeitung eingeweicht werden.

GERICHTE MIT GEFLÜGEL UND WILD

Putenoberkeule vom Grill

■ Für das Grill-Mikrowellengerät
Zubereitungszeit: ca. 50 Min.
4 Portionen
ca. 430 kcal je Portion

1,3 kg Putenoberkeule
2 EL Butter
2 Knoblauchzehen
gerebelter Thymian
etwas Salz
gemahlener Pfeffer
edelsüßes Paprikapulver
1 TL gekörnte Geflügelbrühe (Instant)
100 ml Sahne
4 EL dunkler Saucenbinder
2 EL trockener Weißwein

1. Die Putenoberkeule kurz waschen und anschließend gut trockentupfen.

2. Die Butter 1 Minute bei 595 Watt schmelzen lassen.

3. Die Knoblauchzehen zerdrücken. Die Butter zusammen mit dem Knoblauch, Thymian, Salz, Pfeffer und Paprikapulver verrühren und die Putenkeule damit bestreichen.

4. Die Putenkeule mit der Hautseite nach unten in eine ovale Backschale legen und auf dem niedrigen Rost 15 Minuten bei 595 Watt kombiniert mit der Grillfunktion garen.

5. Keule wenden und 15 Minuten bei 595 Watt garen. Dann 5 Minuten bei 595 Watt kombiniert mit der Grillfunktion weitergrillen.

6. Die Keule nach dem Garen aus der Backschale nehmen, in Alufolie einschlagen und noch etwa 10 Minuten ruhen lassen.

7. In der Zwischenzeit den Bratenfond entfetten. Dafür das auf dem Fond schwimmende Fett mit einer Suppenkelle vorsichtig abschöpfen.

8. Die gekörnte Geflügelbrühe in $\frac{1}{4}$ l heißem Wasser auflösen und den Bratenfond damit ablöschen.

9. Den Fond durch ein Sieb in eine verschließbare, runde Kochschüssel (1,25 l Inhalt) geben.

10. Sahne, Saucenbinder und Weißwein zum Fond geben, gut verrühren und zugedeckt 4 Minuten bei 850 Watt binden lassen. Zwischendurch und nach dem Garen umrühren. Sauce mit Salz und Pfeffer abschmecken.

TIPP

Bei der Zubereitung im Nicht-Simultan-Gerät ändern sich folgende Zubereitungsschritte:
Schritt 4: Die Putenkeule mit der Hautseite nach unten in eine ovale Backschale legen und auf dem hohen Rost zunächst 10 Minuten bei 850 Watt garen. Dann 7 Minuten grillen.
Schritt 5: Keule wenden und 18 Minuten bei 595 Watt garen, dann 5 Minuten grillen.

Pikante Hühnerpfanne

■ Für das Sologerät
Zubereitungszeit: ca. 30 Min.
2 Portionen
ca. 490 kcal je Portion

100 g parboiled Langkornreis
1 Döschen gemahlener Safran
etwas Salz
2 TL gekörnte Geflügelbrühe
200 ml Wasser
1 Zwiebel (50 g)
1 kleine rote Paprikaschote (100 g)
2 kleine Stangen Lauch (170 g)
1 TL Butter
300 g Hähnchenbrustfilet
frisch gemahlener Pfeffer
edelsüßes Paprikapulver
50 g TK-Krabben
8 grüne, mit Paprika gefüllte Oliven (40 g)

1. Den Reis mit Safran, Salz, der gekörnten Geflügelbrühe und dem Wasser in eine verschließbare, runde Kochschüssel (2 l Inhalt) geben und mischen.

2. Die Zwiebel schälen und fein würfeln. Die Paprikaschote waschen, halbieren, Häute und Kerne entfernen und das Fruchtfleisch in Würfel schneiden.

3. Den Lauch putzen, halbieren, waschen und in feine Ringe schneiden. Das vorbereitete Gemüse mit der Butter zu dem Reis geben und alles gut mischen.

4. Das Geflügelfleisch unter fließendem Wasser kurz waschen, trockentupfen, würfeln und ebenfalls zu dem Reis geben. Die Kochschüssel zugedeckt ins MWG stellen und das Geflügelgericht 18 Minuten bei 600 Watt garen.

5. Die Krabben unter fließendem Wasser abspülen und abtropfen lassen. Die Geflügelpfanne einmal umrühren, mit den Oliven und den Krabben belegen und nochmals 1 Minute bei 600 Watt erwärmen.

TIPP

Die Krabben nur erwärmen und nicht kochen. Sie werden sonst zäh.

Hühnerfrikassee

■ Für das Sologerät
Zubereitungszeit: ca. 20 Min.
2 Portionen
ca. 420 kcal je Portion

300 g Hähnchenbrustfilet
1 EL Mehl
1 EL Margarine
200 ml Wasser
2 TL gekörnte Geflügelbrühe
100 g Spargelspitzen aus der Dose
100 g frische Champignons
1 frisches Eigelb
60 g Sahne
etwas Salz
frisch gemahlener Pfeffer
Zucker
etwas Worcestersauce
etwas Zitronensaft

1. Das Geflügelfleisch unter fließendem Wasser kurz waschen und trockentupfen. Es in Würfel schneiden und in eine verschließbare, runde Kochschüssel (2 l Inhalt) geben.

2. Das Mehl und die Margarine zu einem Kloß verkneten und diesen mit dem Wasser und der gekörnten Brühe zu dem Fleisch geben. Die Kochschüssel zugedeckt ins MWG stellen und das Fleisch 4 Minuten bei 600 Watt garen.

3. Inzwischen die Spargelspitzen abtropfen lassen. Die Champignons putzen, mit einem feuchten Tuch abreiben und in Scheiben schneiden.

4. Die Sauce mit einem Schneebesen kräftig durchrühren, bis sich der Margarine-Mehl-Kloß vollständig aufgelöst hat. Das Frikassee nochmals zugedeckt 1 Minute bei 600 Watt erhitzen.

5. Zwei Esslöffel von der heißen Sauce abnehmen und mit dem Eigelb und der Sahne verquirlen. Diese Mischung wieder in die heiße Sauce rühren.

6. Die Sauce mit den Gewürzen abschmecken. Die Spargelspitzen und die Champignons hineingeben und das Ganze zugedeckt 4 Minuten bei 420 Watt erwärmen. Die Sauce nicht aufkochen lassen, sonst gerinnt das Eigelb. Zuletzt das Frikassee mit dem Zitronensaft abschmecken.

Pikante Hähnchenbrust

■ Für das Grill-Mikrowellengerät
Marinierzeit: ca. 3 Std.
Zubereitungszeit: ca. 30 Min.
4 Portionen
ca. 450 kcal je Portion

4 Hähnchenbrustfilets à 225 g
1 Zwiebel
6 EL Pflanzenöl
3 EL Weißweinessig
1 EL Sojasauce
1 TL edelsüßes Paprikapulver
1 TL Senf
1 EL Tomatenketchup
1 TL Knoblauchpulver
1 Msp. gerebelter Thymian
1 Msp. gerebelter Rosmarin

1. Die Hähnchenbrustfilets waschen, trockentupfen und in eine ovale Backschale (32 cm lang) legen.

2. Die Zwiebel fein würfeln und mit den restlichen Zutaten mischen.

3. Die Marinade über die Hähnchenbrustfilets geben und diese etwa 3 Stunden zugedeckt im Kühlschrank ziehen lassen.

4. Die Filets abtropfen lassen und auf dem hohen Rost 12 Minuten bei 595 Watt kombiniert mit der Grillfunktion grillen. Dann die Filets wenden, mit etwas Marinade bepinseln und auf der anderen Seite noch 10 Minuten bei gleicher Einstellung weitergrillen. Anschließend gleich servieren.

TIPP

Bei der Zubereitung im Nicht-Simultan-Gerät ändert sich folgender Zubereitungsschritt:
Schritt 4: Die Filets abtropfen lassen und auf dem hohen Rost erst 15 Minuten bei 595 Watt garen. Dann 10 Minuten grillen. Danach die Filets wenden, mit Marinade bestreichen und 6 Minuten bei 595 Watt garen. Dann 10 Minuten grillen.

Ente in Orangensauce

■ Für das Grill-Mikrowellengerät
Zubereitungszeit: ca. 1 Std. 15 Min.
3 Portionen
ca. 1530 kcal je Portion

1 Ente (ca. 2,2 kg)
etwas Salz
gemahlener Pfeffer
10 frische Salbeiblätter
4 EL weiche Butter
1 große Orange
60 ml Grand Marnier (Orangenlikör)
3 EL Zucker
1 Bratensaftwürfel
6 EL dunkler Saucenbinder
1 EL Weinessig

1. Die Ente innen und außen waschen, trockentupfen und mit Salz und Pfeffer würzen. Die Salbeiblätter in die Ente legen. Die Ente rundherum mit 2 Esslöffeln Butter einpinseln.

2. Die Ente mit der Brustseite nach unten in eine ovale Auflaufform (32 cm lang) legen und offen 25 Minuten bei 425 Watt kombiniert mit der Grillfunktion garen. Dann die Ente wenden und offen zunächst 10 Minuten bei 425 Watt weitergaren, dann 15 Minuten bei 425 Watt kombiniert mit dem Grill bräunen.

3. In der Zwischenzeit die Orange schälen, filetieren, mit dem Orangenlikör beträufeln und bis zur Weiterverarbeitung zugedeckt marinieren lassen.

4. Die Ente aus dem Bratenfond nehmen und etwa 10 Minuten an einem warmen Ort ruhen lassen. Fett vom Bratenfond abschöpfen.

5. Restliche Butter mit dem Zucker in einer verschließbaren, runden Kochschüssel (2 l Inhalt) zugedeckt 4 Minuten bei 850 Watt bräunen.

6. Den Bratensaftwürfel in $1/4$ l heißem Wasser auflösen und den Bratenfond damit ablöschen. Den Fond durch ein Sieb zu dem gebräunten Zucker gießen.

7. Die Orangenmarinade zum Bratenfond geben und den Saucenbinder hineinrühren. Die Sauce zugedeckt 3 Minuten bei 850 Watt binden lassen. Das Ganze gut durchrühren.

8. Orangenfilets dazugeben und nochmals 1 Minute bei 850 Watt erhitzen. Zum Schluss mit Weinessig, Salz und Pfeffer abschmecken.

TIPP

Bei der Zubereitung im Nicht-Simultan-Gerät ändert sich folgender Zubereitungsschritt:
Schritt 2: Die Ente mit der Brustseite nach unten in eine ovale Auflaufform (32 cm lang) legen und offen zunächst 15 Minuten bei 850 Watt, dann 29 Minuten bei 595 Watt garen. Schließlich 10 Minuten grillen. Nun die Ente wenden und auf der anderen Seite noch 7 Minuten grillen.

Hasenkeule Waidmannsart

■ Für das Kombi-Mikrowellengerät
Zubereitungszeit: ca. 35 Min.
2 Portionen
ca. 1030 kcal je Portion

800 g gespickte
  TK-Hasenkeule
2 ½ Zwiebeln
100 g durchwachsener Speck
1 EL Pflanzenöl
2 Lorbeerblätter
10 Wacholderbeeren
10 Pimentkörner
etwas Salz
gemahlener Pfeffer
100 g Champignons
1 Bratensaftwürfel
300 ml heißes Wasser
2 unbehandelte Orangen
1 EL Mehl
100 ml trockener Rotwein
1 EL gehackte Petersilie

1. Die Hasenkeule auftauen lassen. Die Zwiebeln schälen und fein würfeln. Den Speck ebenfalls in feine Würfel schneiden.

2. Die Zwiebel- und Speckwürfel, das Öl, die Lorbeerblätter, die Wacholderbeeren und die Pimentkörner in eine runde Kochschüssel (2 l Inhalt) geben und mischen.

3. Die Hasenkeule mit Salz und Pfeffer würzen und darauf legen. Die

Schüssel offen auf den niedrigen Rost ins Kombi-MWG stellen und das Fleisch 10 Minuten bei 650 Watt und 250 °C Heißluft anbraten.

4. Inzwischen die Champignons putzen, mit einem feuchten Tuch abreiben und die Pilze vierteln. Den Bratensaftwürfel im heißen Wasser vollständig auflösen.

5. Das Fleisch nach dem Anbraten wenden. Die Champignons dazugeben, die Brühe angießen und alles miteinander verrühren.

6. Die Schüssel abgedeckt auf den niedrigen Rost ins Kombi-MWG stellen und die Hasenkeule 15 Minuten bei 325 Watt und 200 °C Heißluft schmoren.

7. In der Zwischenzeit die Orangenschale abreiben und die Früchte auspressen. Das Mehl mit dem Rotwein verrühren.

8. Fleisch nach dem Schmoren aus der Schüssel nehmen und 10 Minuten ruhen lassen. Orangenschale, Orangensaft und Rotwein-Mehl-Mischung in den Bratensaft gießen und alles gut verrühren.

9. Die Schüssel abgedeckt auf den niedrigen Rost ins Kombi-MWG stellen und die Sauce 4 Minuten bei 650 Watt aufkochen. Danach nochmals abschmecken, mit Petersilie verfeinern und zum Braten servieren.

Rehrücken
mit Pfifferlingen

■ Für das Kombi-Mikrowellengerät
Zubereitungszeit: ca. 40 Min.
4 Portionen
ca. 770 kcal je Portion

900 g Rehrücken mit Knochen
60 g fetter Speck
etwas Salz
gemahlener schwarzer Pfeffer
100 g Zwiebeln
100 g durchwachsener Speck
1 EL Pflanzenöl
400 g Pfifferlinge (frisch oder
  aus der Dose)
1 Bratensaftwürfel
200 ml heißes Wasser
1 EL gehackte Petersilie
1 EL Mehl
200 ml Rotwein
2 EL Crème fraîche
1 EL gesüßte Preiselbeeren
  aus dem Glas

1. Von dem Rehrücken vorhandene
Sehnen entfernen. Den fetten Speck
in schmale Streifen schneiden und
mit einer Spicknadel an der Oberseite
durch das Fleisch ziehen. Oder das
Fleisch mit einem spitzen Messer einstechen und den Speck hineinschie-
ben. Danach das Fleisch mit Salz und
Pfeffer würzen.

2. Die Zwiebeln schälen und fein
würfeln. Den durchwachsenen Speck
in kleine Würfel schneiden. Beides

mit dem Öl und den geputzten und
gewaschenen oder abgetropften Pfifferlingen in eine ovale Gratinform
(32 cm lang) geben und gleichmäßig
verteilen.

3. Den Rehrücken mit der ungespick-
ten Seite nach unten darauf legen. Die
Form offen auf den niedrigen Rost
ins Kombi-MWG stellen und den
Braten 8 Minuten bei 325 Watt und
250 °C Heißluft garen. Danach den
Rehrücken wenden und 12 Minuten
bei 325 Watt und 250 °C Heißluft
weitergaren.

4. Inzwischen den Bratensaftwürfel
im heißen Wasser auflösen. Nach
dem Braten das Fleisch aus der Form
nehmen und etwa 10 Minuten ruhen
lassen. Das Fleisch muss innen noch
rosa sein, da es durchgebraten leicht
zäh wird.

5. Nun die Sauce zubereiten. Dafür
Mehl in das heiße Bratfett einrühren
und mit der Brühe und dem Rotwein
ablöschen. Das Ganze gut umrühren,
die Form abgedeckt auf den niedrigen Rost ins Kombi-MWG stellen
und die Sauce 4 Minuten bei 650 Watt
aufkochen.

6. Die Crème fraîche und die Preiselbeeren in die Sauce einrühren, diese
nochmals abschmecken, mit Petersilie verfeinern und zum Fleisch
servieren.

GERICHTE MIT GEFLÜGEL UND WILD

Hirschbraten
mit Schattenmorellen

■ Für das Kombi-Mikrowellengerät
Zubereitungszeit: ca. 1$^1/_4$ Std.
6 Portionen
ca. 980 kcal je Portion

300 g Zwiebeln
300 g durchwachsener Speck
6 Pimentkörner
15 Wacholderbeeren
3 Lorbeerblätter
1 Prise gemahlener Rosmarin
3 EL Pflanzenöl
1200 g Hirschbraten aus der Keule
etwas Salz
gemahlener Pfeffer
3 Bratensaftwürfel
900 ml heißes Wasser
1 EL Mehl
300 ml Rotwein
2 EL gesüßte Preiselbeeren
  aus dem Glas
3 EL Crème fraîche
1$^1/_2$ EL Weizenstärke
600 g entsteinte Schattenmorellen mit Saft
  aus dem Glas
3 EL Zucker

1. Die Zwiebeln schälen und fein
würfeln. Den Speck ebenfalls in feine
Würfel schneiden. Die Zwiebel- und
Speckwürfel in eine ovale Kochschüssel (2,8 l Inhalt) geben und
gleichmäßig verteilen.

2. Die Pimentkörner und die Wacholderbeeren zerstoßen. Beides mit
den Lorbeerblättern, dem Rosmarin
und dem Öl dazugeben und verrühren.

3. Das Fleisch mit Salz und Pfeffer
würzen, darauf legen, die Schüssel
offen auf den niedrigen Rost ins
Kombi-MWG stellen und das Fleisch
10 Minuten bei 455 Watt und 250 °C
Heißluft anbraten.

4. Inzwischen die Bratensaftwürfel im
heißen Wasser auflösen. Nach dem
Anbraten das Fleisch wenden, die
Brühe angießen und umrühren.

5. Danach die Schüssel verschließen,
auf den niedrigen Rost ins Kombi-
MWG stellen und den Hirschbraten
40 Minuten bei 455 Watt und 250 °C
Heißluft schmoren. Nach der Hälfte
der Zeit das Fleisch wenden.

6. Nach dem Schmoren das Fleisch
aus der Schüssel nehmen und etwa
10 Minuten ruhen lassen. In dieser
Zeit die Sauce zubereiten. Dafür das
Mehl und den Rotwein verrühren
und in den Bratensaft mischen. Die
Schüssel abgedeckt auf den niedrigen
Rost ins Kombi-MWG stellen und
die Sauce 6 Minuten bei 650 Watt
kochen.

7. Danach das Ganze umrühren. Die Preiselbeeren und die Crème fraîche dazugeben. Die Sauce nochmals umrühren und abschmecken.

8. Die Weizenstärke mit wenig Kirschsaft anrühren und mit dem restlichen Saft, den Schattenmorellen und dem Zucker in eine runde Kochschüssel (2 l Inhalt) geben und gut verrühren. Die Schüssel abgedeckt auf den niedrigen Rost ins Kombi-MWG stellen und die Kirschen 6 Minuten bei 650 Watt aufkochen. Die Früchte anschließend umrühren und zusammen mit der Sauce zu dem Hirschbraten servieren.

TIPP

Für 2 oder 4 Portionen:
Für 2 oder 4 Portionen können Sie alle Zutatenmengen entsprechend umrechnen, nehmen Sie nur beim Fleisch für 2 Portionen ein Stück von 600 g und für 4 Portionen eines von 900 g Gewicht.
Die Zeit zum Anbraten beträgt für 2 Personen 10 Minuten bei 455 Watt und 250 °C Heißluft; setzen Sie hier eine kleine runde Kochschüssel (1,5 l Inhalt) ein. Die Zeit zum Schmoren beträgt 20 Minuten bei gleicher Herdeinstellung. Die Zeiten zum Kochen und zum Aufkochen betragen jeweils 2 1/2 Minuten bei 650 Watt. Geben Sie die Kirschen in eine kleinere runde Kochschüssel (1 l Inhalt).
Für 4 Portionen gelten dieselben Herdeinstellungen wie für 2 und 6 Portionen. Die Zeit zum Anbraten beträgt 10 Minuten in einer runden Kochschüssel (2 l Inhalt), die Zeit zum Schmoren beträgt 30 Minuten und jeweils 4 Minuten zum Kochen und Aufkochen. Bereiten Sie die Kirschen in einer runden Kochschüssel (1,5 l Inhalt) zu.

Gerichte mit Fisch und Meeresfrüchten

Fische gelingen in der Mikrowelle besonders zart und zerfallen nicht. Werden sie im eigenen Saft oder mit ganz wenig Flüssigkeit gegart, bleibt das arteigene Aroma erhalten, und Sie können mit Salz und Gewürzen sparsam umgehen.

Fische sollten Sie, wenn Sie sie mit Flüssigkeit garen, immer in den heißen Sud legen und dann bei mittlerer Leistung fortkochen. Beim Dünsten der Fischstücke stellen Sie besser die volle Leistung Ihres Gerätes ein, um eine möglichst kurze Garzeit zu erhalten. Planen Sie nach dem Garen eine 5-minütige Ruhephase ein, denn so können sich die Hitze und das Aroma gleichmäßig verteilen.

Wenn der Fisch gar ist, lassen sich die Gewebeteile leicht voneinander lösen. Mehrfaches Testen bewahrt vor dem Verkochen. Fisch und Meeresfrüchte sollten stets in einem abgedeckten Gefäß gegart werden, damit die Flüssigkeit bewahrt und ein Austrocknen der Oberfläche vermieden wird.

Geben Sie die Gewürze und Beilagen nach gewohnter Rezeptur bei. Salzen Sie den Fisch erst nach dem Garen, das Salz würde ihm sonst Flüssigkeit entziehen und ihn trocken machen.

Gefrorenen Fisch erst auftauen und anschließend garen. Wenn sich die Stücke voneinander trennen lassen, ist der Antauvorgang beendet und das Auftauen der kleineren Stücke geht jetzt schneller.

Magere Fische (Schellfisch, Flundern, Heilbutt) sollten Sie möglichst mit Sauce garen, fette Fische (Hering, Makrele, Forelle) mit Tomatensauce, Zitronensaft oder ohne Zusatz im Bräunungsgeschirr grillen.

Da die Wirkung der Mikrowellen am Rand eines Tellers oder Gefäßes am stärksten ist, empfiehlt es sich, alle robusteren, dicken Zutaten nach außen, alle empfindlichen, dünnen in die Mitte zu legen. Fischkoteletts beispielsweise legt man am besten mit den schmalen Enden zur Mitte zeigend in eine mikrowellengeeignete Form. Ganze, große Fische legen Sie zum Garen mit der Bauchöffnung auf eine gestürzte Tasse und stützen sie dadurch.

Gefülltes Seelachsfilet

■ Für das Sologerät
Zubereitungszeit: ca. 30 Min.
2 Portionen
ca. 470 kcal je Portion

50 g durchwachsener Speck
1 Gewürzgurke (50 g)
$1/2$ Zwiebel (25 g)
400 g Seelachsfilet
etwas Essig
etwas Salz
frisch gemahlener Pfeffer
$3^1/2$ EL mittelscharfer Senf
4 TL Tomatenmark
100 g Schmand
2 EL gehackte Petersilie

1. Den Speck und die Gewürzgurke
fein würfeln. Die Zwiebel schälen
und ebenfalls fein würfeln. Alles zusammen in eine ovale Gratinform
(23,5 cm lang) geben, diese offen ins
MWG stellen und das Ganze 5 Minuten bei 600 Watt andünsten.

2. Inzwischen das Fischfilet unter
fließendem Wasser abspülen und
trockentupfen. Den Fisch mit Essig
beträufeln und mit Salz und Pfeffer
würzen.

3. Das Filet mit etwa 2 Esslöffeln Senf
und 3 Teelöffeln Tomatenmark bestreichen und in 2 Stücke schneiden.

4. Die Speck-Zwiebel-Mischung auf
das eine Fischfilet geben, glatt streichen und mit dem zweiten Fischfilet
abdecken.

5. Den Schmand mit dem restlichen
Tomatenmark und dem Senf verrühren, die Masse auf das Fischfilet
streichen und dieses in die Gratinform legen. Den Fisch zugedeckt
7 Minuten bei 600 Watt garen.

6. Das Gericht mit der Petersilie bestreuen und noch 2 Minuten zugedeckt stehen lassen.

VARIATION

Nehmen Sie statt der Gewürzgurke
$1/2$ rote oder grüne Paprikaschote,
und würzen Sie die Füllung mit
Oregano.

Gemüse-Fisch-Ragout

■ Für das Sologerät
Zubereitungszeit: ca. 30 Min.
2 Portionen
ca. 290 kcal je Portion

400 g Kabeljaufilet
etwas Zitronensaft
etwas Salz
1 Tomate (100 g)
1/2 Knoblauchzehe
1 1/2 Zwiebeln (75 g)
1 kleine rote Paprikaschote (100 g)
40 g mit Paprika gefüllte grüne Oliven
1 EL Mehl
1 EL Margarine
edelsüßes Paprikapulver
Zucker
Rosmarinnadeln
frisch gemahlener Pfeffer
2 EL gemischte, gehackte Kräuter
125 ml trockener Weißwein

1. Das Kabeljaufilet unter fließendem Wasser waschen und trockentupfen. Es mit dem Zitronensaft beträufeln, salzen und in Würfel schneiden. Das Fischfilet in eine verschließbare, runde Kochschüssel (2 l Inhalt) geben, diese zugedeckt ins MWG stellen und den Fisch 5 Minuten bei 600 Watt garen. Den Fisch aus der Schüssel nehmen und beiseite stellen.`

2. Inzwischen die Tomate waschen, den grünen Stängelansatz entfernen und die Haut über Kreuz einschneiden. Die Tomate etwa 15 Sekunden in kochendes Wasser legen, abschrecken, enthäuten und achteln.

3. Die Knoblauchzehe schälen und zerdrücken. Die Zwiebel schälen und in Streifen schneiden. Die Paprikaschote waschen, halbieren, die Häute und die Kerne entfernen und das Fruchtfleisch in feine Streifen schneiden.

4. Die Oliven in Scheiben schneiden. Das Mehl und die Margarine zu einem Kloß verkneten.

5. Das Gemüse, die Oliven, die Gewürze, die Kräuter, den Weißwein und den Margarine-Mehl-Kloß in der Kochschüssel zugedeckt 6 Minuten bei 600 Watt dünsten.

6. Nach dem Kochen die Gemüsesauce mit dem Schneebesen durchrühren, bis sich der Mehl-Margarine-Kloß vollständig aufgelöst hat. Anschließend nochmals 1 Minute bei 600 Watt erhitzen.

7. Den Fisch in die Sauce geben, alles vorsichtig mischen und das Ragout 1 Minute bei 600 Watt erwärmen.

GERICHTE MIT FISCH UND MEERESFRÜCHTEN

Gegrillte Lachsforelle mit Aioli

▨ Für das Grill-Mikrowellengerät
Zubereitungszeit: ca. 30 Min.
4 Portionen
ca. 520 kcal je Portion

1 Lachsforelle (ca. 850 g)
etwas Salz
gemahlener Pfeffer
1 unbehandelte Zitrone
3 Petersilienzweige
5 Knoblauchzehen
110 ml Olivenöl
2 frische Eigelbe
2 TL Senf
1 TL Zitronensaft
Cayennepfeffer

1. Die Lachsforelle innen und außen gründlich waschen, trockentupfen und innen und außen mit Salz und Pfeffer würzen.

2. Die Zitrone waschen und in dünne Scheiben schneiden.

3. Die Petersilie waschen, trockentupfen und zusammen mit den Zitronenscheiben in den Bauch der Forelle legen.

4. Die Forelle in eine ovale Auflaufform (32 cm lang) legen.
2 Knoblauchzehen schälen, zerdrücken und mit 1 Esslöffel Olivenöl vermischen.

5. Fisch mit der Hälfte des Knoblauchöls bestreichen und auf dem

hohen Rost 10 Minuten bei 255 Watt kombiniert mit der Grillfunktion grillen. Fisch wenden, mit dem restlichen Knoblauchöl bestreichen und 8 Minuten weitergrillen.

6. Inzwischen für das Aioli die Eigelbe mit Senf, Salz und Pfeffer schaumig rühren.

7. Dann vorsichtig und unter ständigem Rühren die restlichen 100 ml Olivenöl tröpfchenweise dazugeben. Wenn die Masse leicht dickflüssig wird, kann das Öl in einem dünnen Strahl unter Rühren dazugegeben werden. Das Aioli so lange rühren, bis das Öl verbraucht ist und eine dicke Mayonnaise entstanden ist.

8. Restliche Knoblauchzehen zerdrücken und in die Mayonnaise geben. Mit Zitronensaft und Cayennepfeffer abschmecken. Das Aioli zur Lachsforelle servieren.

TIPP

Bei der Zubereitung im Nicht-Simultan-Gerät ändert sich folgender Zubereitungsschritt:
Schritt 5: Fisch mit der Hälfte des Knoblauchöls bestreichen und 13 Minuten bei 595 Watt garen. Dann 8 Minuten auf dem hohen Rost grillen. Danach wenden, mit dem restlichen Knoblauchöl bestreichen und 7 Minuten weitergrillen.

77

GERICHTE MIT FISCH UND MEERESFRÜCHTEN

Lachs im Lauchbett

■ Für das Grill-Mikrowellengerät
Zubereitungszeit: ca. 35 Min.
4 Portionen
ca. 630 kcal je Portion

2 kleine Zwiebeln
2 mittelgroße Stangen Lauch (ca. 375 g)
6 Knoblauchzehen
90 g weiche Butter
etwas Salz
gemahlener Pfeffer
4 Lachskoteletts à 200 g

1. Die Zwiebeln schälen und fein
würfeln. Den Lauch putzen, der Länge nach halbieren, gründlich waschen
und in feine Ringe schneiden. Den
Knoblauch schälen und zerdrücken.

2. Zwiebelwürfel, Lauchringe und
Knoblauch zusammen mit 75 g Butter in eine ovale Auflaufform (32 cm
lang) geben, alles gut vermischen und
8 Minuten bei 850 Watt garen.

3. Anschließend das Gemüse mit Salz
und Pfeffer abschmecken.

4. Die Lachsscheiben waschen,
trockentupfen, salzen und auf den
Lauch legen.

5. Den Lachs mit der restlichen Butter bestreichen und auf dem hohen
Rost 15 Minuten bei 225 Watt kombiniert mit der Grillfunktion grillen.

TIPP

Bei der Zubereitung im Nicht-
Simultan-Gerät ändert sich folgender
Zubereitungsschritt:
Schritt 5: Den Lachs mit der restlichen Butter bestreichen und
zunächst 11 Minuten bei 595 Watt
garen. Das Ganze dann 15 Minuten
auf dem hohen Rost grillen.

GERICHTE MIT FISCH UND MEERESFRÜCHTEN

Gratinierte Rotbarsch-filets Esterhazy

■ Für das Grill-Mikrowellengerät
Zubereitungszeit: ca. 40 Min.
4 Portionen
ca. 450 kcal je Portion

3 mittelgroße Stangen Lauch
3 mittelgroße Zwiebeln
2 große Möhren
1 EL Butter
gemahlener Pfeffer
geriebene Muskatnuss
etwas Salz
4 Stücke Rotbarschfilet à 150 g
2 EL Zitronensaft
125 g Crème fraîche
100 g geriebener Gouda, 45 % F. i. Tr.

1. Den Lauch putzen, der Länge nach halbieren, gründlich waschen und in feine Streifen schneiden.

2. Die Zwiebel schälen und in feine Streifen schneiden. Die Möhren schälen und in dünne Scheiben schneiden.

3. Das Gemüse zusammen mit der Butter und den Gewürzen in eine verschließbare, runde Kochschüssel (2 l Inhalt) geben und alles gut mischen. Danach das Gemüse zugedeckt 10 Minuten bei 850 Watt dünsten. Das Ganze zwischendurch einmal umrühren.

4. In der Zwischenzeit die Rotbarsch-filets waschen, trockentupfen, mit dem Zitronensaft beträufeln und salzen.

5. Die Crème fraîche unter das Gemüse rühren und es mit den Gewürzen noch einmal abschmecken.

6. Die Hälfte des Gemüses in eine ovale Auflaufform (32 cm lang) geben. Die Fischfilets darauf legen und mit dem restlichen Gemüse gut bedecken.

7. Den Gouda darauf streuen und alles auf dem niedrigen Rost zunächst 5 Minuten bei 595 Watt garen, dann 10 Minuten bei 595 Watt kombiniert mit der Grillfunktion gratinieren.

TIPP

Bei der Zubereitung im Nicht-Simultan-Gerät ändert sich folgender Zubereitungsschritt:
Schritt 7: Den Gouda darauf streuen und alles auf dem hohen Rost 15 Minuten bei 595 Watt garen. Das Ganze 6 Minuten unter dem Grill gratinieren.

Fischfilet italienische Art

■ Für das Grill-Mikrowellengerät
Zubereitungszeit: ca. 30 Min.
4 Portionen
ca. 420 kcal je Portion

4 Stücke Rotbarschfilet à 150 g
Saft von 1/2 Zitrone
etwas Salz
2 EL Sardellenbutter
50 g geriebener Gouda, 45 % F. i. Tr.
3 kleine Tomaten
gemahlener Pfeffer
2 EL gehackte, gemischte Kräuter
  (z. B. Basilikum, Oregano, Petersilie)
250 g Mozzarella, 45 % F. i. Tr.
1 EL gehacktes Basilikum
3 EL heller Saucenbinder

1. Die Fischfilets waschen, trockentupfen, mit dem Zitronensaft beträufeln und salzen. Danach die Filets mit der Sardellenbutter bestreichen und in eine ovale Backschale (32 cm lang) legen. Den Gouda gleichmäßig auf den Fisch streuen.

2. Die Tomaten waschen und die Stielansätze herausschneiden. Sie in Scheiben auf dem Käse verteilen.

3. Die Tomatenscheiben mit Salz, Pfeffer und den gemischten Kräutern würzen.

4. Die Mozzarella abtropfen lassen, in Scheiben schneiden und auf die Tomaten legen. Das Basilikum darauf streuen.

5. Die Backschale auf den niedrigen Rost stellen und das Gericht zunächst 5 Minuten bei 595 Watt garen. Dieses dann 12 Minuten bei 595 Watt kombiniert mit der Grillfunktion grillen.

6. Nach dem Garen die Fischfilets aus der Form nehmen und zugedeckt warm stellen.

7. Den Saucenbinder in den entstandenen Fischfond in der Backschale einrühren und die Sauce 2 Minuten bei 850 Watt kochen lassen.

8. Danach die Sauce durch ein Sieb passieren, abschmecken und zum Fisch servieren.

TIPP

Bei der Zubereitung im Nicht-Simultan-Gerät ändert sich folgender Zubereitungsschritt:
Schritt 5: Den Auflauf auf dem hohen Rost zunächst 15 Minuten bei 595 Watt garen. Ihn dann 5 Minuten unter dem Grill überbacken.

GERICHTE MIT FISCH UND MEERESFRÜCHTEN

Seezungenspieße

■ Für das Grill-Mikrowellengerät
Zubereitungszeit: ca. 40 Min.
4 Portionen
ca. 460 kcal je Portion

12 Seezungenfilets à 60 g
Saft von 1/2 Zitrone
gemahlener Pfeffer
150 g durchwachsener Speck (Bacon)
2 mittelgroße Tomaten
1 EL Butter
etwas Salz
2 EL saure Sahne
2 EL heller Saucenbinder
2 EL gehackter Dill

1. Die Seezungenfilets waschen, trockentupfen und mit dem Zitronensaft beträufeln.

2. Die Filets mit Pfeffer würzen und zusammenrollen. Die Speckscheiben aufrollen.

3. Die Tomaten waschen und die Stielansätze herausschneiden. Die Tomaten anschließend vierteln.

4. Die Seezungenröllchen, Speckröllchen und Tomatenviertel auf vier Holzspieße (20 cm lang) stecken.

5. Die Butter in eine mikrowellengeeignete Tasse geben und 1/2 Minute bei 850 Watt schmelzen.

6. Die Spieße in eine ovale Auflaufform (32 cm lang) legen, mit der Butter bestreichen und auf dem hohen Rost 12 Minuten bei 255 Watt kombiniert mit der Grillfunktion grillen.

7. Dann die Spieße wenden und auf der anderen Seite noch 10 Minuten bei gleicher Einstellung grillen.

8. Die Spieße anschließend salzen, aus der Form nehmen und in Alufolie wickeln.

9. Saure Sahne, Saucenbinder und Dill in den entstandenen Fischfond in der Auflaufform einrühren und alles 4 Minuten bei 850 Watt garen. Das Ganze zwischendurch und nach Ende der Garzeit kräftig durchrühren. Die Sauce abschmecken.

TIPP

Bei der Zubereitung im Nicht-Simultan-Gerät ändern sich folgende Zubereitungsschritte:
Schritt 6: Die Spieße in eine ovale Auflaufform (32 cm lang) legen, mit Butter bestreichen und auf dem hohen Rost zunächst 9 Minuten bei 595 Watt garen. Sie dann 10 Minuten auf dem hohen Rost grillen.
Schritt 7: Danach die Spieße wenden und nochmals 10 Minuten grillen.

Heilbuttkoteletts mit Champignons

■ Für das Grill-Mikrowellengerät
Zubereitungszeit: ca. 45 Min.
4 Portionen
ca. 270 kcal je Portion

400 g rosa Champignons
1 kleine Zwiebel
1 EL Butter
etwas Salz
gemahlener Pfeffer
4 Heilbuttkoteletts à 200 g
1 EL Zitronensaft
1 EL Öl
1 frisches Ei
gehackte Petersilie

1. Die Champignons waschen, putzen und eventuell in Scheiben schneiden. Die Zwiebel schälen und in feine Würfel schneiden.

2. Champignons und Zwiebelwürfel zusammen mit der Butter in eine verschließbare, runde Kochschüssel (2 l Inhalt) geben und zugedeckt 10 Minuten bei 850 Watt dünsten. Das Gemüse mit Salz und Pfeffer abschmecken.

3. In der Zwischenzeit die Heilbuttkoteletts waschen, trockentupfen und mit dem Zitronensaft beträufeln.

4. Den Fisch mit Salz und Pfeffer würzen, mit dem Öl bestreichen und in eine ovale Auflaufform (32 cm lang) legen. Den Fisch auf dem hohen Rost 12 Minuten bei 255 Watt kombiniert mit der Grillfunktion grillen. Dann die Fischkoteletts wenden und auf der anderen Seite noch 10 Minuten bei der gleichen Einstellung grillen.

5. Die Champignons 2 Minuten bei 850 Watt noch einmal kurz erwärmen und auf den Heilbuttkoteletts gleichmäßig verteilen. Das Ganze mit Petersilie bestreut servieren.

TIPP

Bei der Zubereitung im Nicht-Simultan-Gerät ändert sich folgender Zubereitungsschritt:
Schritt 4: Den Fisch mit Salz und Pfeffer würzen, mit dem Öl bestreichen und in eine ovale Auflaufform (32 cm lang) legen. Zunächst 9 Minuten bei 850 Watt garen, dann 10 Minuten auf dem hohen Rost grillen. Danach die Fischkoteletts wenden und auf der anderen Seite nochmals 10 Minuten grillen.

GERICHTE MIT FISCH UND MEERESFRÜCHTEN

Überbackene Heilbuttschnitten

■ Für das Kombi-Mikrowellengerät
Zubereitungszeit: ca. 20 Min.
4 Portionen
ca. 370 kcal je Portion

4 Heilbuttschnitten (à 200 g)
4 Scampi (à 60 g)
2 EL Zitronensaft
1 EL Worcestersauce
etwas Salz, gemahlener Pfeffer
2 EL Butter für die Form
4 große Champignonköpfe
4 frische Eigelbe
2 EL Sahne
2 EL gemischte gehackte TK-Kräuter
2 EL gemahlene Mandeln
1 Prise Cayennepfeffer

1. Die Heilbuttschnitten waschen und trockentupfen. Die Scampi aus der Schale lösen, waschen und trockentupfen. Beides mit Zitronensaft und Worcestersauce beträufeln und mit Salz und Pfeffer würzen.

2. Eine ovale Gratinform (24 cm lang) mit Butter einfetten. Die Heilbuttschnitten hineinlegen und die Scampi darauf setzen. Die Form offen auf den hohen Rost ins Kombi-MWG stellen und die Fischschnitten 5 Minuten unter dem Grill braten.

3. Inzwischen die Champignonköpfe putzen und mit einem feuchten Tuch abreiben. Die Eigelbe mit der Sahne verrühren. Die Kräuter, die Mandeln und Cayennepfeffer dazugeben und damit leicht verschlagen.

4. Den Heilbutt nach dem Braten wenden und die ebenfalls gewendeten Scampi wieder auf die Fischschnitten setzen. Die Champignonköpfe dazusetzen. Die Form offen auf den hohen Rost ins Kombi-MWG stellen und den Fisch 3 Minuten unter dem Grill weiterbraten.

5. Danach die Eigelb-Sahne-Legierung über den Fisch geben, die Form offen auf den hohen Rost ins Kombi-MWG stellen und den Fisch 6 Minuten bei 650 Watt garen.

TIPP

Für 1 oder 2 Portionen:
Für 1 Portion beträgt die Zeit zum Braten 5 Minuten, die Zeit zum Weiterbraten 3 Minuten, beides unter dem Grill. Die Zeit zum Garen beträgt 1 Minute bei 650 Watt. Für 2 Portionen gelten dieselben Herdeinstellungen. Die Zeit zum Braten beträgt 5 Minuten, zum Weiterbraten 3 Minuten und zum Garen ebenfalls 3 Minuten.

Gefüllter Hecht badische Art

■ Für das Kombi-Mikrowellengerät
Zubereitungszeit: ca. 50 Min.
4 Portionen
ca. 470 kcal je Portion

1 Hecht (ca. 1,6 kg)
3 EL Zitronensaft
etwas Salz
100 g Möhren
100 g Champignons
100 g Lauch
2 1/2 Zwiebeln
50 ml Wasser
gemahlener Pfeffer
70 g Weißbrot
4 EL gehackte Petersilie
1 frisches Ei
200 g Sahne
Zahnstocher
1 EL weiche Butter für die Form
1 TL Worcestersauce
grob zerstoßener schwarzer Pfeffer
1 TL Instant-Fischbrühe (Trockenprodukt)

1. Vom Hecht den Kopf abschneiden, die Eingeweide herausnehmen und die Schuppen entfernen oder so vom Fischhändler vorbereiten lassen. Ihn danach innen und außen gut waschen, mit 2 Esslöffel Zitronensaft beträufeln und salzen. Den Fisch so lange durchziehen lassen, bis die weiteren Zutaten vorbereitet sind.

2. Für die Füllung die Möhren waschen und schälen. Die Pilze putzen, mit einem feuchten Tuch abreiben und den Lauch waschen. Die Champignons in Scheiben und den Lauch in feine Ringe schneiden. Dann die Zwiebeln schälen und in feine Würfel schneiden.

3. Das Gemüse mit dem Wasser, Salz und Pfeffer in eine runde Kochschüssel (2 l Inhalt) geben, diese abgedeckt auf den niedrigen Rost ins Kombi-MWG stellen und das Gemüse 7 Minuten bei 650 Watt dünsten.

4. Inzwischen die Rinde vom Weißbrot abschneiden und das Brot zerbröckeln. Das Ei aufschlagen und mit 50 g Sahne verquirlen. Das Brot, die Petersilie und die Ei-Sahne-Mischung verrühren und mit Salz und Pfeffer abschmecken.

5. Das gedünstete Gemüse, außer den Möhren, dazugeben und verrühren. Ein Viertel davon in die Bauchhöhle des Fisches füllen. Darauf die ganzen Möhren legen und ein weiteres Viertel der Füllung hineingeben. Den Bauch mit Zahnstochern schließen.

6. Eine ovale Gratinform (32 cm lang) mit Butter einfetten und den Fisch auf die Bauchseite hineinsetzen. Den restlichen Zitronensaft, die Worcestersauce, Salz und grob gemahlenen Pfeffer verrühren und gleichmäßig über den Fisch träufeln. Die

Form auf den niedrigen Rost ins Kombi-MWG stellen und den Hecht 15 Minuten bei 325 Watt und 250 °C Heißluft backen.

7. Inzwischen die restliche Sahne und die Fischbrühe mit dem restlichen Gemüse verrühren. Den Fisch nach dem Backen aus der Form nehmen und warm stellen. Die Gemüse-Sahne-Mischung in die Form geben, diese abgedeckt auf den niedrigen Rost ins Kombi-MWG stellen und 3 Minuten bei 650 Watt aufkochen.

Scampispieße

■ Für das Grill-Mikrowellengerät
Zubereitungszeit: ca. 35 Min.
4 Portionen
ca. 390 kcal je Portion

1/2 frische Ananas
6 Scheiben durchwachsener Speck (Bacon)
16 Scampi oder Tiefseegarnelen mit Schale
    (ca. 640 g)
50 g Butter
1 Knoblauchzehe
edelsüßes Paprikapulver

1. Die Ananas vierteln, schälen und den holzigen Mittelstrunk entfernen. Sie dann in gleich große Scheiben schneiden.

2. Die Speckscheiben halbieren und zusammenrollen. Die Scampi waschen und trockentupfen.

3. Vier Holzspieße (20 cm lang) abwechselnd mit Ananas, Speck und den Scampi bestücken.

4. Die Butter in eine mikrowellengeeignete Tasse geben und 1 1/2 Minuten bei 850 Watt schmelzen. Den Knoblauch schälen und zerdrücken. Ihn dann zusammen mit dem Paprikapulver in die Butter einrühren.

5. Die Spieße mit der Gewürzbutter bestreichen und 10 Minuten bei 255 Watt kombiniert mit der Grillfunktion auf dem hohen Rost grillen. Dann die Spieße wenden und die andere Seite ebenfalls 10 Minuten bei gleicher Einstellung grillen.

TIPP

Bei der Zubereitung im Nicht-Simultan-Gerät ändert sich folgender Zubereitungsschritt:
Schritt 5: Die Spieße mit der Butter bestreichen und zunächst 12 Minuten bei 850 Watt auf dem hohen Rost garen. Dann 10 Minuten grillen. Danach die Spieße wenden und die andere Seite ebenfalls 10 Minuten grillen.

Gerichte mit Gemüse

Beim Garen von Gemüse werden die Unterschiede zwischen Mikrowelle und konventionellem Herd besonders deutlich. Was früher unter Zugabe von Fett und Wasser gekocht wurde, wird in der Mikrowelle mit nur wenig Fett und Flüssigkeit gedünstet. Dies bringt die Aromastoffe zur vollen Entfaltung und verhindert das Auslaugen wertvoller Mineralstoffe und Vitamine.

Man unterscheidet Gemüsesorten mit einem hohen Wassergehalt von solchen mit wenig Eigenwasser. Gemüse mit einem größeren Faseranteil und entsprechend weniger Eigenwasser wie Kohlsorten, Möhren, Lauch, Erbsen oder älteres Gemüse benötigen eine längere Garzeit. Generelle und allgemein gültige Zeitangaben können aus diesem Grund nicht vorgegeben werden. Die in den Rezepten angeführten Zeiten können immer nur Richtwerte bleiben, die Sie durch eigene Erfahrungen ergänzen sollten.

Ein weiterer Faktor, der beim Gemüsegaren eine wichtige Rolle spielt, ist die Größe der einzelnen Stücke. Wie bei anderen Lebensmitteln auch, haben dickere und größere Stücke eine längere Garzeit als dünnere und kleinere. Deshalb sollte alles möglichst gleich groß geschnitten sein.

Gemüse sollte immer tropfnass in das Mikrowellengeschirr gegeben werden. Man rechnet pro 500 g Gemüse $^{1}/_{2}$ bis 1 Tasse Garflüssigkeit. Um den Geschmack zu verbessern, sollten Sie dem Gemüse immer etwas Butter oder Margarine beifügen, nicht zuletzt auch wegen der fettlöslichen Vitamine.

Beim Garen von Gemüse sollte das Mirkowellengeschirr immer geschlossen werden. Ein fest sitzender Deckel hält den Wasserdampf im Gargefäß, verhindert das Austrocknen und unterstützt den Garvorgang. Garen Sie das Gemüse bei voller Geräteleistung und rühren Sie mehrmals um. Wie Sie Ihr Gemüse garen, ob bissfest oder weich, bleibt Ihnen überlassen. Der Unterschied in der Garzeit beträgt zum Teil nur einige Sekunden.

GERICHTE MIT GEMÜSE

Lauchstangen
im Schinkenmantel

■ Für das Grill-Mikrowellengerät
Zubereitungszeit: ca. 35 Min.
4 Portionen
ca. 430 kcal je Portion

4 Stangen Lauch
2 EL Butter
4 Scheiben gekochter Schinken (ca. 200 g)
200 g Sahne
1 EL dunkler Saucenbinder
etwas Salz
gemahlener Pfeffer
geriebene Muskatnuss
Worcestersauce
100 g geriebener Gouda, 45 % F. i. Tr.

1. Den Lauch putzen und gründlich waschen. Den weißen Teil der Lauchstangen auf die Länge der Schinkenscheiben zuschneiden. Den restlichen Lauch in gleich breite Streifen schneiden.

2. Die Lauchstangen zusammen mit 5 Esslöffeln Wasser und der Butter in einen verschließbaren, rechteckigen Bräter (21,5 × 20 cm) geben und zugedeckt 10 Minuten bei 850 Watt garen.

3. Den Lauch abtropfen lassen und mit den Schinkenscheiben umwickeln.

4. Die Lauchstreifen in den Lauchfond geben, die Sahne angießen, den Saucenbinder hineinrühren und alles zugedeckt 5 Minuten bei 850 Watt garen.

5. Die Sauce mit den Gewürzen und der Worcestersauce abschmecken.

6. Die ummantelten Lauchstangen in die Sauce geben, mit dem Gouda bestreuen und auf dem hohen Rost 10 Minuten bei 425 Watt kombiniert mit der Grillfunktion gratinieren.

TIPP

Bei der Zubereitung im Nicht-Simultan-Gerät ändert sich folgender Zubereitungsschritt:
Schritt 6: Die ummantelten Lauchstangen in die Sauce geben, mit dem Gouda bestreuen und auf dem hohen Rost zunächst 5 Minuten bei 850 Watt garen. Das Ganze dann 6 Minuten unter dem Grill gratinieren.

GERICHTE MIT GEMÜSE

Spargel in Käsesauce

■ Für das Grill-Mikrowellengerät
Zubereitungszeit: ca. 30 Min.
4 Portionen
ca. 230 kcal je Portion

650 g Stangenspargel aus dem Glas
1 Zwiebel
2 EL Butter
2 EL Weizenmehl, Type 1050
$^1/_8$ l Milch
3 EL trockener Weißwein
2 frische Eigelbe
75 g geriebener Gouda, 45 % F. i. Tr.
etwas Salz
gemahlener Pfeffer
geriebene Muskatnuss
1 EL gehackte Petersilie

1. Den Spargel in einem Sieb abtropfen lassen, das Spargelwasser dabei in einer Schüssel auffangen.

2. Die Zwiebel schälen, fein würfeln, zusammen mit der Butter in eine runde Kochschüssel (2 l Inhalt) geben und offen 3 Minuten bei 850 Watt dünsten. Das Mehl dazugeben und alles gut verrühren.

3. Die Milch, 100 ml Spargelwasser und den Weißwein unter ständigem Rühren hinzufügen. Das Ganze offen 3 Minuten bei 850 Watt binden lassen. Das Ganze zwischendurch und nach dem Garen durchrühren.

4. Die Eigelbe und den Gouda unter die Sauce ziehen und diese mit den Gewürzen abschmecken.

5. Den Spargel in eine ovale Auflaufform (32 cm lang) legen und darin auf dem niedrigen Rost 4 Minuten bei 850 Watt erhitzen.

6. Die Käsesauce über den Spargel gießen und ihn auf dem niedrigen Rost 10 Minuten bei 425 Watt kombiniert mit der Grillfunktion überbacken. Das Ganze mit Petersilie bestreuen.

TIPP

Bei der Zubereitung im Nicht-Simultan-Gerät ändert sich folgender Zubereitungsschritt:
Schritt 6: Die Käsesauce über den Spargel gießen und ihn zunächst 3 Minuten bei 850 Watt auf dem hohen Rost garen, dann 5 Minuten unter dem Grill überbacken.

GERICHTE MIT GEMÜSE

Brokkoli
mit Mozzarellasauce

■ Für das Grill-Mikrowellengerät
Zubereitungszeit: ca. 40 Min.
4 Portionen
ca. 310 kcal je Portion

600 g TK-Brokkoli
75 ml Gemüsebrühe
etwas Salz
2 Schalotten, 2 EL Butter
125 g Mozzarella, 45 % F. i. Tr.
100 g Sahne
2 EL Speisestärke
gemahlener Pfeffer
geriebene Muskatnuss

1. Brokkoli unaufgetaut zusammen
mit der Gemüsebrühe und etwas Salz
in eine ovale Auflaufform (32 cm
lang) geben. Die Form mit Mikrowellenfolie abdecken und alles 12 Minuten bei 850 Watt garen. Zwischendurch einmal umrühren.

2. Die Schalotten schälen, fein würfeln und zusammen mit der Butter in
einer verschließbaren, runden Kochschüssel (1,25 l Inhalt) zugedeckt
2 Minuten bei 850 Watt dünsten.

3. Den Mozzarella abtropfen lassen,
würfeln und zu den Schalotten geben. Sahne und Speisestärke hinzufügen, alles verrühren.

4. Den entstandenen Brokkolifond
aus der Auflaufform abgießen und
unter die Sauce rühren. Sie mit Salz,
Pfeffer und Muskatnuss abschmecken und zugedeckt 3 Minuten bei
850 Watt binden lassen.

5. Die Sauce über den Brokkoli geben
und sie auf dem hohen Rost 6 ½ Minuten bei 425 Watt kombiniert mit
der Grillfunktion gratinieren.

TIPP

Bei der Zubereitung im Nicht-
Simultan-Gerät ändert sich folgender
Zubereitungsschritt:
Schritt 5: Die Sauce über den Brok-
koli geben und sie auf dem hohen
Rost 2 Minuten bei 850 Watt erhit-
zen. Das Ganze dann 6 Minuten unter
dem Grill gratinieren.

Gefüllte Kohlrabi in Käsesauce

■ Für das Sologerät
Zubereitungszeit: ca. 40 Min.
2 Portionen
ca. 660 kcal je Portion

2 Portionen Käsesauce
(Rezept, Seite 123, Variation)
20 g Pinienkerne
1 große Schalotte (30 g)
1 EL Cognac
2 Kohlrabiknollen (300 g)
125 g gemischtes Hackfleisch
30 g gekochter Reis
1 frisches Ei
1/2 TL Tomatenmark
1 TL mittelscharfer Senf
etwas Salz
frisch gemahlener Pfeffer
edelsüßes Paprikapulver

1. Die Käsesauce nach Anleitung auf Seite 123 zubereiten.

2. Die Pinienkerne in eine verschließbare, runde Kochschüssel (2 l Inhalt) geben, diese offen ins MWG stellen und die Kerne etwa 3 Minuten bei 600 Watt rösten. Sie anschließend beiseite stellen.

3. Inzwischen die Schalotte schälen, fein würfeln und mit dem Cognac in der offenen Kochschüssel etwa 1 Minute bei 600 Watt andünsten.

4. Die Kohlrabiknollen schälen, waschen und mit einem Messer tief aushöhlen.

5. Die Pinienkerne, das Hackfleisch, den gegarten Reis, das Ei, das Tomatenmark, den Senf und die Gewürze zu der Schalotte geben und alles zu einem Hackteig verarbeiten.

6. Den Hackteig in die Kohlrabi füllen. Die Kohlrabi in die Kochschüssel setzen, diese zugedeckt ins MWG stellen und das Ganze 12 Minuten bei 420 Watt garen.

7. Die Kohlrabi auf eine Platte setzen. Die Sauce getrennt dazu reichen.

GERICHTE MIT GEMÜSE

Pellkartoffeln
mit Käsecreme

■ Für das Grill-Mikrowellengerät
Zubereitungszeit: ca. 30 Min.
4 Portionen
ca. 500 kcal je Portion

8 Kartoffeln (ca. 800 g)
2 TL Butter für die Form
etwas Salz
2 Zweige Basilikum
300 g geriebener Gouda, 45 % F. i. Tr.
200 g saure Sahne
1 frisches Eigelb
gemahlener Pfeffer
1 TL Kümmel
edelsüßes Paprikapulver

1. Die Kartoffeln waschen, jeweils mit
einer Gabel anstechen: zusammen
mit 100 ml Wasser in eine verschließbare, runde Kochschüssel (2 l Inhalt)
geben. Sie zugedeckt 12 Minuten bei
850 Watt garen. Die Kartoffeln zwischendurch einmal wenden und
zuletzt abschrecken.

2. Eine ovale Auflaufform (32 cm
lang) einfetten. Die Kartoffeln
schälen, der Länge nach halbieren,
mit den Schnittflächen nach oben
in die Form setzen und dann salzen.

3. Das Basilikum waschen, trockentupfen, die Blätter fein hacken und
über die Kartoffeln streuen.

4. Gouda mit saurer Sahne, Ei und
Pfeffer verquirlen. Die Käse-Sahne-
Sauce über die Kartoffeln gießen, mit
Kümmel und Paprikapulver bestreu-
en und auf dem hohen Rost 8 Minu-
ten bei 595 Watt kombiniert mit der
Grillfunktion goldbraun überbacken.

TIPP

Bei der Zubereitung im Nicht-
Simultan-Gerät ändert sich folgender
Zubereitungsschritt:
Schritt 4: Gouda mit saurer Sahne, Ei
und Pfeffer verquirlen. Die Käse-Sah-
ne-Sauce über die Kartoffeln gießen,
mit Kümmel und Paprikapulver bestreuen und auf dem hohen Rost
zunächst 7 Minuten bei 850 Watt garen. Dann das Ganze 6 Minuten unter
dem Grill goldbraun überbacken.

Blumenkohlcurry

■ Für das Sologerät
Zubereitungszeit: ca. 30 Min.
2 Portionen
ca. 435 kcal je Portion

200 g Blumenkohlröschen
250 g Kartoffeln
1 Zwiebel (40 g)
1/2 rote Paprikaschote (100 g)
1 Knoblauchzehe
1 TL Salz
2 EL Butter oder Margarine
Salz, schwarzer Pfeffer aus der Mühle
je 1 Prise Kurkuma, Koriander, Zimt und
Kreuzkümmel
1 TL Curry
1/4 l Gemüsebrühe
1 Msp. Johannisbrotkernmehl
3 EL Crème fraîche
2 EL gehackte Petersilie

1. Die Blumenkohlröschen in mundgerechte Stücke schneiden. Die Kartoffeln schälen und anschließend in dünne Scheiben schneiden.

2. Die Zwiebel schälen und fein würfeln. Die Paprikaschote putzen, entkernen, waschen und in feine Würfel schneiden.

3. Die Knoblauchzehe schälen, fein hacken und mit Salz zu einer Paste zerreiben.

4. Das Gemüse mit der Butter oder Margarine in eine mikrowellengeeignete Form geben. Das Ganze mit

Salz, Pfeffer, Kurkuma, Koriander, Zimt, Kreuzkümmel und Curry kräftig würzen.

5. Etwas Gemüsebrühe angießen, die Mikrowellenform verschließen und das Gemüse bei 600 Watt 6 bis 8 Minuten garen.

6. In der Zwischenzeit das Johannisbrotkernmehl in die restliche Gemüsebrühe geben und die Crème fraîche unterrühren.

7. Das Ganze unter das Gemüse ziehen, nochmals abschmecken und zugedeckt bei 600 Watt weitere 3 bis 4 Minuten erhitzen.

8. Das Blumenkohlcurry anrichten und mit Petersilie bestreut servieren.

GERICHTE MIT GEMÜSE

Gemüserisotto

■ Für das Sologerät
Zubereitungszeit: ca. 45 Min.
2 Portionen
ca. 545 kcal je Portion

1 Zwiebel (40 g)

1 Möhre (100 g)

1 Stück Stangensellerie (100 g)

1 Zucchino (125 g)

50 g Erbsen (TK-Produkt)

2 EL Butter oder Margarine

¼ l Gemüsebrühe

1 Tasse Rundkornreis

1 kleines Lorbeerblatt

1 Zweig Thymian

1 Zweig Rosmarin

Salz

schwarzer Pfeffer aus der Mühle

1 Prise Muskatpulver

50 g Mozzarellakäse

2 EL Crème fraîche

2 EL gehackte Petersilie

1. Die Zwiebel und die Möhre schälen und in feine Würfel schneiden. Den Stangensellerie und den Zucchino putzen, waschen und ebenfalls fein würfeln.

2. Das Gemüse mit den Erbsen und der Butter oder Margarine in eine mikrowellengeeignete Form geben und zugedeckt bei 600 Watt 3 bis 4 Minuten garen.

3. Die heiße Gemüsebrühe angießen und den Rundkornreis unterrühren.

4. Das Lorbeerblatt, den Thymian und den Rosmarinzweig dazugeben und das Ganze mit Salz, Pfeffer und Muskat kräftig würzen.

5. Die Form verschließen und den Reis bei 150 Watt 15 bis 20 Minuten anquellen lassen.

6. Den Risotto nochmals abschmecken und den fein geriebenen Mozzarellakäse sowie die Crème fraîche unterziehen. Je nach Bedarf nochmals erhitzen. Den Risotto abschmecken und mit Petersilie bestreut servieren.

Aufläufe und Gratins

Die Gerichte dieses Kapitels sind zum größten Teil im Grill-Mikrowellengerät zubereitet, dessen Funktion bereits in der Einleitung (Seite 8) und im Kapitel „Vorspeisen und Snacks" (Seite 14) ausführlich erklärt wird.

Für die Zubereitung im Grill-Mikrowellengerät müssen Sie nicht unbedingt neues Geschirr kaufen. Lesen Sie in der Einleitung (Seite 6), welches Geschirr sich dafür eignet.

Verwenden Sie Auflaufformen mit einer großen Grundfläche, und schichten Sie die Lebensmittel flach ein, so ist die Garzeit im Vergleich zu einem Gefäß mit kleiner Grundfläche und hoch eingeschichteten Lebensmitteln kürzer. Dieser Effekt lässt sich dadurch erklären, dass Mikrowellen zwar von allen Seiten in die Speise eindringen, aber nur etwa 2,5 cm tief. Bei einem dicker geschichteten Auflauf muss der Kern indirekt durch Wärmeleitung von den heißen, direkt erwärmten Randschichten zum kälteren Innenkern hin erhitzt werden. Dieser Vorgang dauert länger als die direkte Erwärmung durch die Mikrowellen.

Streichen Sie die Aufläufe nach dem Einfüllen oben glatt, damit sie später gleichmäßig bräunen. Aufläufe und Gratins benötigen eine Ruhezeit nach dem Garen von 5 bis 10 Minuten. In dieser Zeit findet ein Temperaturausgleich im Gericht statt. Bei Aufläufen wird dabei außerdem die restliche Flüssigkeit gebunden, sodass sie ihre gewünschte, feste Konsistenz erhalten.

Bei allen süßen Aufläufen sollten die Gefäße vor dem Einfüllen eingefettet werden – besser noch, Sie streuen die Form zusätzlich mit Semmelbröseln oder gemahlenen Mandeln aus. So bleibt der Auflauf nicht in der Form hängen.

Zum Überbacken ist eine Mischung von Eiern und geriebenem Käse mit Joghurt, saurer Sahne, Schmand oder Crème fraîche ideal. Damit wird jeder Auflauf, sei er mit Gemüse, Kartoffeln, Fleisch oder Fisch, saftig und schmackhaft.

Überbackener Brokkoli

◼ Für das Sologerät
Zubereitungszeit: ca. 20 Min.
2 Portionen
ca. 310 kcal je Portion

150 g Brokkoliröschen
100 g gekochter Schinken
1 EL Margarine
1 EL Mehl
2 TL gekörnte Brühe
100 ml Milch
100 ml Wasser
frisch gemahlener Pfeffer
etwas Salz
geriebene Muskatnuss
etwas Zitronensaft
40 g Gouda, 45 % F. i. Tr.

1. Die Brokkoliröschen putzen, waschen und mit 2 Esslöffeln Wasser in eine verschließbare, runde Kochschüssel (1 l Inhalt) geben. Die Schüssel zugedeckt ins MWG stellen und die Röschen 3 ½ Minuten bei 600 Watt dünsten.

2. Inzwischen den gekochten Schinken in kurze Streifen schneiden.

3. Für die Käsesauce die Margarine und das Mehl zu einem Kloß verkneten und diesen in eine runde Kochschüssel (1 l Inhalt) geben. Die gekörnte Brühe, die Milch und 100 ml Wasser hinzufügen und die Sauce zugedeckt 2 Minuten bei 600 Watt aufkochen lassen.

4. Anschließend die Sauce mit einem Schneebesen kräftig durchrühren, bis sich der Fett-Mehl-Kloß vollständig aufgelöst hat. Die Sauce nochmals 1 Minute bei 600 Watt aufkochen lassen, damit das Mehl ausquellen kann.

5. Die Sauce mit den Gewürzen und dem Zitronensaft abschmecken. Den Käse reiben und in die heiße Sauce rühren, bis er sich auflöst.

6. Die Schinkenstreifen in die Sauce geben, diese über das Gemüse gießen und die Brokkoliröschen 2 ½ Minuten bei 600 Watt goldgelb überbacken.

VARIATION

Je nach Geschmack können Sie die Brokkoliröschen durch Lauch oder Chicorée ersetzen. Diese Gemüsearten müssen ebenfalls vorgegart werden, bevor sie, wie im Rezept angegeben, weiterverarbeitet werden können.

Gratinierter Blumenkohl

■ Für das Grill-Mikrowellengerät
Zubereitungszeit: ca. 40 Min.
4 Portionen
ca. 330 kcal je Portion

600 g TK-Blumenkohl
2 Knoblauchzehen
1 Zweig Thymian
1 Zweig Basilikum
5 EL Olivenöl
3 EL geriebener Parmesan
etwas Salz
gemahlener Pfeffer
650 g Tomaten
125 g Mozzarella, 45 % F. i. Tr.
2 1/2 EL Sonnenblumenkerne

1. Den Blumenkohl unaufgetaut zusammen mit 2 Esslöffeln Wasser in eine verschließbare, runde Kochschüssel (2 l Inhalt) geben. Ihn zugedeckt 15 Minuten bei 850 Watt garen. Den Kohl zwischendurch einmal umrühren und anschließend abtropfen lassen.

2. Die Knoblauchzehen schälen und zerdrücken. Den Thymian und das Basilikum waschen, trockentupfen, die Blätter fein hacken.

3. Den Knoblauch und die Kräuter mit Olivenöl und Parmesan mischen und mit Salz und Pfeffer würzen.

4. Die Tomaten über Kreuz einritzen, für etwa 15 Sekunden in kochendes Wasser geben, abschrecken, enthäuten und die Stielansätze herausschneiden. Dann die Tomaten vierteln, entkernen und würfeln.

5. Blumenkohl und Tomatenwürfel abwechselnd in eine runde Auflaufform (19 cm Ø) einschichten. Dabei jede Lage mit Salz und Pfeffer würzen. Auf den Tomaten jeweils einen Teil der Kräuterpaste verteilen.

6. Mozzarella abtropfen lassen, in Scheiben schneiden und auf dem Auflauf verteilen. Das Ganze mit Sonnenblumenkernen bestreuen und auf dem niedrigen Rost 10 Minuten bei 595 Watt kombiniert mit der Grillfunktion gratinieren. Anschließend den Auflauf 5 Minuten ruhen lassen.

TIPP

Bei der Zubereitung im Nicht-Simultan-Gerät ändert sich folgender Zubereitungsschritt:
Schritt 6: Mozzarella abtropfen lassen, in Scheiben schneiden und auf dem Auflauf verteilen. Das Ganze mit Sonnenblumenkernen bestreuen und auf dem niedrigen Rost zunächst 9 Minuten bei 850 Watt garen. Den Auflauf dann etwa 8 Minuten unter dem Grill gratinieren.

Überbackenes Ratatouille

▓ Für das Grill-Mikrowellengerät
Zubereitungszeit: ca. 55 Min.
4 Portionen
ca. 270 kcal je Portion

1 Zwiebel
1 Knoblauchzehe
5 EL Olivenöl
1 kleine Aubergine
1 mittelgroße Zucchini
1 große Stange Lauch
250 g Tomaten
1 große rote Paprikaschote
1 milde Peperoni
etwas Salz
gemahlener Pfeffer
Schnittlauchröllchen
gerebelter Thymian
gerebeltes Basilikum
gerebelter Estragon
100 g geriebener Gouda, 45 % F. i. Tr.

1. Die Zwiebel schälen und in feine Ringe schneiden. Die Knoblauchzehe schälen und zerdrücken. Beides zusammen mit dem Olivenöl in einer verschließbaren, runden Kochschüssel (3 l Inhalt) offen 2 Minuten bei 850 Watt dünsten.

2. Die Aubergine putzen, waschen, halbieren, in Streifen schneiden. Die Zucchini ebenso putzen, waschen, halbieren und in Scheiben schneiden. Den Lauch putzen, waschen und in gleich dicke Ringe schneiden.

3. Die Tomaten über Kreuz einritzen, für etwa 15 Sekunden in kochendes Wasser geben, dann abschrecken, enthäuten und die Stielansätze herausschneiden. Dann die Tomaten in Scheiben schneiden.

4. Die Paprikaschote und die Peperoni putzen und dann in feine Streifen schneiden.

5. Das Gemüse zu den Zwiebeln geben, salzen, pfeffern und zugedeckt auf dem niedrigen Rost 10 Minuten bei 850 Watt garen. Zwischendurch einmal umrühren.

6. Kräuter hinzufügen und mit Gouda bestreuen. Ratatouille offen auf dem niedrigen Rost 12 Minuten bei 425 Watt kombiniert mit der Grillfunktion überbacken.

TIPP

Bei der Zubereitung im Nicht-Simultan-Gerät ändern sich folgende Zubereitungsschritte:
Schritt 5: Das Gemüse zu den Zwiebeln geben, salzen, pfeffern und zugedeckt auf dem niedrigen Rost 16 Minuten bei 850 Watt garen. Zwischendurch einmal umrühren.
Schritt 6: Die Kräuter hinzufügen, abschmecken und mit dem Gouda bestreuen. Das Ratatouille offen auf dem niedrigen Rost 12 Minuten unter dem Grill überbacken.

Florentiner Nudelauflauf

■ Für das Sologerät
Zubereitungszeit: ca. 35 Min.
2 Portionen
ca. 680 kcal je Portion

1/2 Zwiebel (25 g)
25 g durchwachsener Speck
230 g TK-Blattspinat
1 1/2 Tomate (150 g)
60 g Salami
50 g Appenzeller, 45 % F. i. Tr.
1 Knoblauchzehe
1 frisches Ei, 50 g Sahne
2 EL Kartoffelpüreepulver
etwas Salz
gemahlener Pfeffer
geriebene Muskatnuss
250 g gekochte Bandnudeln

1. Die Zwiebel schälen und würfeln. Den Speck ebenfalls fein würfeln. Beides in eine ovale Gratinform (23,5 cm lang) füllen, diese offen ins MWG stellen und das Ganze 3 Minuten bei 600 Watt garen.

2. Den Blattspinat auf den Speck und die Zwiebeln legen und in der offenen Form 7 Minuten bei 600 Watt auftauen. Alles zwischendurch einmal umrühren und abkühlen lassen.

3. Inzwischen die Tomaten waschen, die grünen Stängelansätze entfernen und die Tomaten in Scheiben schneiden. Die Salami in Streifen schneiden. Den Käse reiben.

4. Die Knoblauchzehe schälen und zerdrücken. Diese zusammen mit dem Ei, der Sahne, dem Kartoffelpüreepulver und den Gewürzen verrühren.

5. Die Eimasse mit dem Blattspinat, dem Speck und den Zwiebeln mischen, die gekochten Nudeln darauf geben und alles mischen.

6. Den Auflauf mit den Tomatenscheiben belegen. Die Salamistreifen darauf legen und den Käse darüber streuen. Die Form offen ins MWG stellen und den Auflauf 7 Minuten bei 600 Watt garen.

7. Den Auflauf vor dem Servieren 5 Minuten zugedeckt ruhen lassen.

Lasagne

■ Für das Sologerät
Zubereitungszeit: ca. 40 Min.
2 Portionen
ca. 320 kcal je Portion

50 g frische Champignons
1 Zwiebel (50 g)
50 g Schinkenspeck
1 EL Olivenöl
1/2 Knoblauchzehe
150 g gemischtes Hackfleisch
3 EL geriebener Parmesan
3 EL Sahne
2 EL gehackte Petersilie
gerebelter Oregano
Salz
frisch gemahlener Pfeffer
400 g Tomaten (aus der Dose)
4 EL Tomatenmark
2 TL mittelscharfer Senf
Zucker
gerebeltes Basilikum
100 g vorgegarte Lasagnenudeln
100 g geriebener Emmentaler, 45 % F. i. Tr.
1 frisches Ei

1. Die Champignons putzen, mit einem feuchten Tuch abreiben und in Scheiben schneiden. Die Zwiebel schälen und fein würfeln. Den Schinkenspeck ebenfalls fein würfeln. Alles zusammen mit dem Olivenöl in eine ovale Gratinform (23,5 cm lang) geben, diese offen ins MWG stellen und das Ganze 3 Minuten bei 600 Watt garen.

2. Inzwischen die Knoblauchzehe schälen, zerdrücken und mit dem Hackfleisch, dem Käse, der Sahne, den Kräutern und den Gewürzen zu einer Masse verkneten.

3. Die abgekühlte Speck-Zwiebel-Masse unter die Hackmasse mischen.

4. Die Tomaten abtropfen lassen und mit dem Pürierstab pürieren. Das Püree mit dem Tomatenmark und dem Senf verrühren und mit den Gewürzen und dem Basilikum kräftig abschmecken.

5. Die Nudelplatten wie eine Brotscheibe mit der Hackmasse bestreichen und einzeln in die Form schichten. Dabei jede Lage mit Tomatensauce begießen, sodass jede Nudelschicht gut mit Sauce bedeckt ist, damit die Nudeln beim Garen weich werden.

6. Den geriebenen Käse mit dem Ei verquirlen, die Masse über die Lasagne gießen und den Auflauf offen 15 Minuten bei 600 Watt garen. Vor dem Servieren 5 Minuten stehen lassen.

Tomaten-Brokkoli-Auflauf

■ Für das Grill-Mikrowellengerät
Zubereitungszeit: ca. 1 Std.
4 Portionen
ca. 580 kcal je Portion

125 g Bandnudeln
1 TL Pflanzenöl
etwas Salz
300 g TK-Brokkoli
425 g Tomaten aus der Dose
1 Zwiebel
250 g geräucherte Putenbrust
1 TL Butter
gemahlener Pfeffer
gerebelter Thymian
gerebeltes Basilikum
100 g geriebener Emmentaler, 45 % F. i. Tr.
4 frische Eier
200 g Sahne
edelsüßes Paprikapulver

1. Die Nudeln zusammen mit ¾ l heißem Wasser und dem Öl in eine verschließbare, runde Kochschüssel (2 l Inhalt) geben und zugedeckt 5 Minuten bei 850 Watt garen. Sie dann 6 Minuten bei 255 Watt weitergaren.

2. Die Nudeln in ein Sieb schütten, abschrecken und abtropfen lassen.

3. Den Brokkoli unaufgetaut in die Kochschüssel (2 l Inhalt) geben und zugedeckt 8 Minuten bei 595 Watt garen. Ihn zwischendurch einmal umrühren.

4. Die Tomaten abtropfen lassen und in Scheiben schneiden. Zwiebel und Putenbrust fein würfeln.

5. Eine ovale Auflaufform (32 cm lang) mit der Butter einfetten.

6. Die Nudeln in die Form geben und die Putenbrust sowie Brokkoli darauf verteilen.

7. Tomatenscheiben und Zwiebelwürfel darauf verteilen und mit Salz, Pfeffer, Thymian und Basilikum würzen. Den Emmentaler darauf streuen.

8. Die Eier mit Sahne verquirlen und mit Salz, Pfeffer und Paprikapulver abschmecken.

9. Die Eier-Sahne über den Auflauf gießen und ihn auf dem niedrigen Rost 15 Minuten bei 595 Watt garen, dann 10 Minuten bei 595 Watt kombiniert mit der Grillfunktion weitergaren. Anschließend 5 Minuten ruhen lassen.

TIPP

Bei der Zubereitung im Nicht-Simultan-Gerät ändert sich folgender Zubereitungsschritt:
Schritt 9: Die Eier-Sahne über den Auflauf gießen und ihn auf dem hohen Rost 25 Minuten bei 595 Watt garen. Dann auf dem hohen Rost 6 Minuten unter dem Grill gratinieren. Anschließend 5 Minuten ruhen lassen.

AUFLÄUFE UND GRATINS

Kartoffeltopf

▨ Für das Sologerät
Zubereitungszeit: ca. 40 Min.
2 Portionen
ca. 810 kcal je Portion

300 g Kartoffeln
100 g frische Champignons
1 kleine Fleischtomate (150 g)
100 g Kabanossiwurst
2 Zwiebeln (100 g)
50 g durchwachsener Speck
$^1/_2$ Knoblauchzehe
200 ml Milch
2 frische Eier
etwas Salz
frisch gemahlener Pfeffer
50 g geriebener Emmentaler, 45 % F. i. Tr.

1. Die Kartoffeln mit Schale waschen, mehrmals mit einem Zahnstocher einstechen und mit 3 Esslöffeln Wasser in eine verschließbare, runde Kochschüssel (1 l Inhalt) geben. Die Form zugedeckt ins MWG stellen und die Kartoffeln 9 Minuten bei 600 Watt garen.

2. Inzwischen die Champignons putzen, mit einem feuchten Tuch abreiben und in Scheiben schneiden. Die Tomate waschen, den grünen Stängelsansatz entfernen und das Fruchtfleisch in Scheiben schneiden. Die Wurst ebenfalls in Scheiben schneiden.

3. Die Zwiebel schälen und fein würfeln. Den Speck ebenfalls fein würfeln und beides zusammen in eine ovale Gratinform (23,5 cm lang) füllen. Die Form offen ins MWG stellen und die Zwiebeln und den Speck 3 Minuten bei 600 Watt andünsten.

4. Inzwischen die Kartoffeln schälen und in Scheiben schneiden.

5. Die Kartoffel-, die Champignon- und die Wurstscheiben mit in die Gratinform füllen. Den Auflauf mit den Tomatenscheiben belegen, sodass die Wurstscheiben vollständig abgedeckt sind.

6. Die Knoblauchzehe schälen, zerdrücken und mit der Milch, den Eiern und den Gewürzen verrühren. Die Masse über den Auflauf gießen und den Käse darüber streuen.

7. Die Gratinform offen ins MWG stellen und den Auflauf 14 Minuten bei 600 Watt garen. Das Ganze vor dem Servieren etwa 5 Minuten zugedeckt ruhen lassen.

Kartoffel-Lauch-Auflauf

■ Für das Sologerät
Zubereitungszeit: ca. 25 Min.
2 Portionen
ca. 710 kcal je Portion

1 Tomate (100 g)
200 g Kartoffeln
125 g Frühstücksspeck
130 g Lauch
frisch gemahlener Pfeffer
gehackte Petersilie nach Belieben
60 g Sahne
1 frisches Ei
edelsüßes Paprikapulver
50 g geriebener Gouda, 45 % F. i. Tr.

1. Die Tomate waschen, den grünen Stängelansatz entfernen und das Fruchtfleisch in Scheiben schneiden.

2. Die Kartoffeln schälen und in gleichmäßig dünne Scheiben schneiden. Den Frühstücksspeck in kurze Streifen schneiden.

3. Den Lauch putzen, halbieren, waschen, in feine Ringe schneiden und in eine ovale Gratinform (23,5 cm lang) geben. Diese offen ins MWG stellen und das Gemüse 2 Minuten bei 600 Watt garen.

4. Die Kartoffeln, den Lauch, die Tomate und die Speckstreifen abwechselnd schichtweise in die Gratinform geben, mit Pfeffer würzen und nach Belieben mit Petersilie bestreuen.

5. Die Sahne mit dem Ei, Pfeffer und Paprika verquirlen und über die Gemüse-Speck-Mischung gießen. Den Auflauf mit dem geriebenen Käse und dem Paprikapulver bestreuen und in der offenen Form 8 Minuten bei 600 Watt garen.

VARIATION

Je nach Geschmack können Sie den Auflauf variieren, indem Sie den Lauch gegen 100 g Blumenkohl austauschen. Der Blumenkohl sollte ebenfalls angedünstet werden.

AUFLÄUFE UND GRATINS

Möhren-Kartoffel-Gratin

▨ Für das Grill-Mikrowellengerät
Zubereitungszeit: ca. 30 Min.
4 Portionen
ca. 380 kcal je Portion

1 Knoblauchzehe
1 TL Butter
500 g Kartoffeln
200 g Möhren
200 g Sahne
etwas Salz
gemahlener Pfeffer
geriebene Muskatnuss
1 EL gehackter Dill
125 g geriebener Gouda, 45 % F. i. Tr.

1. Die Knoblauchzehe schälen, halbieren und eine ovale Auflaufform (27 cm lang) damit ausreiben. Anschließend die Form mit der Butter einfetten.

2. Kartoffeln und Möhren schälen, in dünne Scheiben schneiden und abwechselnd, sich leicht überlappend, in die Form schichten.

3. Die Sahne mit den Gewürzen und dem Dill verrühren, etwa zwei Drittel des Goudas unterrühren und die Käsesahne über das Gemüse geben.

4. Das Gratin mit dem restlichen Gouda bestreuen und auf dem hohen Rost zunächst 5 Minuten bei 850 Watt garen. Es dann 10 Minuten bei 595 Watt kombiniert mit der Grillfunktion gratinieren. Das Gratin noch etwa 5 Minuten ruhen lassen.

TIPP

Bei der Zubereitung im Nicht-Simultan-Gerät ändert sich folgender Zubereitungsschritt:
Schritt 4: Das Gratin mit dem restlichen Gouda bestreuen und auf dem hohen Rost zunächst 12 Minuten bei 850 Watt garen. Es dann 10 Minuten unter dem Grill gratinieren. Das Gericht noch etwa 5 Minuten ruhen lassen.

Zucchini-Kartoffel-Gratin

■ Für das Grill-Mikrowellengerät
Zubereitungszeit: ca. 35 Min.
4 Portionen
ca. 360 kcal je Portion

700 g Kartoffeln
2 kleine Zucchini
2¹/₂ EL Butter
etwas Salz
gemahlener Pfeffer
1 Knoblauchzehe
100 g Sahne
50 g geriebener Gouda, 45 % F. i. Tr.
2 EL Sonnenblumenkerne

1. Die Kartoffeln schälen und in sehr dünne Scheiben schneiden.

2. Die Zucchini putzen, gut waschen und ebenfalls in dünne Scheiben schneiden.

3. Eine runde Quicheform (30 cm ⌀) mit ¹/₂ Esslöffel Butter einfetten.

4. Kartoffel- und Zucchinischeiben dachziegelartig hineinschichten und mit Salz und Pfeffer nach Belieben würzen.

5. Die Knoblauchzehe schälen, zerdrücken und über das Gemüse geben. Die restlichen 2 Esslöffel Butter in Flöckchen darauf verteilen und die Sahne darüber geben.

6. Den Gouda über das Gemüse geben, alles mit Sonnenblumenkernen bestreuen und auf dem niedrigen Rost zunächst 8 Minuten bei 850 Watt garen. Das Ganze dann 12 Minuten bei 850 Watt kombiniert mit der Grillfunktion gratinieren.

7. Das Gratin noch etwa 5 Minuten ruhen lassen.

TIPP

Bei der Zubereitung im Nicht-Simultan-Gerät ändert sich folgender Zubereitungsschritt:
Schritt 6: Den Gouda über die Sahne geben, alles mit Sonnenblumenkernen bestreuen und auf dem hohen Rost zunächst 19 Minuten bei 850 Watt garen. Das Ganze dann auf dem hohen Rost 7 Minuten unter dem Grill goldgelb gratinieren.

AUFLÄUFE UND GRATINS

Schwedischer Matjesauflauf

▨ Für das Grill-Mikrowellengerät
Zubereitungszeit: ca. 35 Min.
4 Portionen
ca. 790 kcal je Portion

8 Matjesheringsfilets à 100 g
2 mittelgroße Zwiebeln
1¹/₂ EL Butter
etwas Salz
gemahlener Pfeffer
500 g Kartoffeln
50 g geriebener Gouda, 45 % F. i. Tr.
125 g Sahne

1. Die Matjesfilets einige Stunden wässern. Danach die Zwiebeln schälen, in Ringe schneiden und zusammen mit 1 Esslöffel Butter, Salz und Pfeffer in einer runden Kochschüssel (1,25 l Inhalt) offen 3 Minuten bei 850 Watt dünsten.

2. Eine ovale Backschale (26 cm lang) mit dem restlichen ¹/₂ Esslöffel Butter einfetten.

3. Die Kartoffeln schälen, waschen und in sehr dünne Scheiben schneiden. Die Hälfte der Kartoffelscheiben dachziegelartig in die Backschale legen und leicht pfeffern. Die Zwiebeln gleichmäßig auf den Kartoffeln verteilen.

4. Die Matjesfilets trockentupfen, in Streifen schneiden und auf die Zwiebeln legen. Diese mit den restlichen Kartoffelscheiben bedecken und sie mit Pfeffer würzen.

5. Den Gouda gleichmäßig auf die Kartoffeln streuen und den Auflauf mit der Sahne begießen. Das Ganze auf dem hohen Rost zunächst 9 Minuten bei 850 Watt garen, dann 10 Minuten bei 595 Watt kombiniert mit der Grillfunktion überbacken.

VARIATION

Statt der Matjesfilets können Sie auch geräucherten Fisch (Makrele, Heilbutt oder Hering) für den Auflauf nehmen. Auch Thunfisch naturell aus der Dose passt sehr gut. Dazu schmeckt ein kühles Pils am besten.

TIPP

Bei der Zubereitung im Nicht-Simultan-Gerät ändert sich folgender Zubereitungsschritt:
Schritt 5: Den Gouda gleichmäßig auf die Kartoffeln streuen und den Auflauf mit der Sahne begießen. Ihn dann zunächst auf dem niedrigen Rost 15 Minuten bei 850 Watt garen. Das Ganze dann 5¹/₂ Minuten unter dem Grill überbacken.

105

Holländischer Fischauflauf

■ Für das Grill-Mikrowellengerät
Zubereitungszeit: ca. 45 Min.
4 Portionen
ca. 640 kcal je Portion

3¹/₂ EL Butter
3 EL Mehl
¹/₂ l Milch
200 g geriebener Gouda, 45 % F. i. Tr.
1 frisches Eigelb
etwas Salz
Cayennepfeffer
1 Dose Mais (285 g Einwaage)
250 g geräucherter Heilbutt
75 g Kartoffelpüreepulver
geriebene Muskatnuss
1 mittelgroße Tomate

1. 2 Esslöffel Butter mit dem Mehl in eine verschließbare, runde Kochschüssel (1,25 l Inhalt) geben und zugedeckt 2 Minuten bei 850 Watt anschwitzen.

2. Dann ¹/₄ l Milch hineinrühren und alles zugedeckt 4 Minuten bei 850 Watt kochen lassen. Zwischendurch und nach dem Kochen kräftig durchrühren.

3. Nun 50 g Gouda darunter rühren. Das Eigelb darunter ziehen und die Sauce mit Salz und Cayennepfeffer abschmecken.

4. Nun eine ovale Backschale (32 cm lang) mit ¹/₂ Esslöffel Butter einfetten.

5. Den Mais in einem Sieb abtropfen lassen und in die Backschale geben.

6. Heilbutt von Haut und Gräten befreien. Fleisch in kleine Stücke zerpflücken und auf dem Mais verteilen. Die Käsesauce darüber geben.

7. Restliche Milch zusammen mit ¹/₄ l Wasser in der Kochschüssel (1,25 l Inhalt) zugedeckt 5 Minuten bei 850 Watt erhitzen.

8. Kartoffelpüreepulver in die Milchmischung einrühren, restliche Butter hinzufügen und mit Salz und Muskatnuss abschmecken. Das Püree auf dem Fisch verteilen.

9. Die Tomate waschen und putzen. Dann die Tomate achteln und auf dem Püree verteilen.

10. Restlichen Käse darüber streuen. Auflauf auf dem niedrigen Rost 15 Minuten bei 595 Watt kombiniert mit der Grillfunktion garen.

TIPP

Bei der Zubereitung im Nicht-Simultan-Gerät ändert sich folgender Zubereitungsschritt:
Schritt 10: Restlichen Käse darüber streuen. Auflauf auf dem hohen Rost 3 Minuten bei 850 Watt, dann 15 Minuten bei 595 Watt garen. Den Auflauf abschließend 6 Minuten unter dem Grill überbacken.

AUFLÄUFE UND GRATINS

Rotbarsch-Brokkoli-Auflauf

■ Für das Grill-Mikrowellengerät
Zubereitungszeit: ca. 45 Min.
4 Portionen
ca. 460 kcal je Portion

4 Rotbarschfilets à 150 g
2 EL Zitronensaft
etwas Salz
2 EL Butter
2 EL Mehl
300 ml Milch
gehackter Dill
gemahlener Pfeffer
300 g TK-Brokkoli
100 g geriebener Gouda, 45 % F. i. Tr.
3 EL gehobelte Mandeln

1. Die Rotbarschfilets waschen, trockentupfen, mit dem Zitronensaft beträufeln und salzen.

2. Die Butter zusammen mit dem Mehl in einer runden Kochschüssel (1,25 l Inhalt) offen 1 ½ Minuten bei 850 Watt anschwitzen.

3. Die Mehlschwitze mit der Milch aufgießen, gut umrühren und die Sauce offen 4 Minuten bei 850 Watt einkochen lassen. Danach nochmals kräftig umrühren. Die Sauce mit Dill, Salz und Pfeffer abschmecken.

4. Die unaufgetauten Brokkoliröschen abwechselnd mit den Fischfilets in eine ovale Auflaufform (32 cm lang) geben und nochmals alles würzen.

5. Sauce darüber gießen, mit Mikrowellenfolie abdecken und auf dem unteren Rost 10 Minuten bei 425 Watt garen.

6. Danach die Folie vorsichtig entfernen. Den Auflauf mit dem Gouda und den Mandeln bestreuen und auf dem niedrigen Rost 10 Minuten bei 425 Watt kombiniert mit der Grillfunktion gratinieren.

VARIATION

Statt Rotbarsch können Sie auch anderen Fisch (z. B. Kabeljau oder Seelachs) in den Auflauf geben. Den Brokkoli können Sie zur Hälfte auch durch Blumenkohl ersetzen.

TIPP

Bei der Zubereitung im Nicht-Simultan-Gerät ändern sich folgende Zubereitungsschritte:
Schritt 5: Sauce darüber gießen, mit Mikrowellenfolie abdecken und auf dem hohen Rost 10 Minuten bei 595 Watt garen.
Schritt 6: Danach die Folie vorsichtig entfernen. Den Auflauf mit dem Gouda und den Mandeln bestreuen und zunächst 7 Minuten bei 595 Watt auf dem hohen Rost garen, dann 6 Minuten unter dem Grill auf dem hohen Rost gratinieren.

AUFLÄUFE UND GRATINS

Quarkauflauf
mit Aprikosen

■ Für das Grill-Mikrowellengerät
Zubereitungszeit: ca. 40 Min.
4 Portionen
ca. 570 kcal je Portion

480 g Aprikosenhälften aus der Dose
65 g Butter
3 frische Eier
100 g Zucker
1 Päckchen Vanillezucker
etwas Salz
1 Päckchen Vanillepuddingpulver
abgeriebene Schale
  von 1 unbehandelten Zitrone
2$^1/_2$ EL gehackte Mandeln
500 g Magerquark
2 EL gehobelte Mandeln

1. Die Aprikosenhälften in einem
Sieb abtropfen lassen. Eine runde
Auflaufform (20,5 cm ∅) mit
1 Teelöffel der Butter einfetten.

2. Die Eier trennen. Die Eigelbe zusammen mit dem Zucker, dem Vanillezucker und der restlichen Butter
schaumig schlagen.

3. Salz, Puddingpulver, Zitronenschale, gehackte Mandeln und Quark dazugeben und alles zu einer glatten
Masse verrühren.

4. Die Eiweiße steif schlagen und unter die Quarkmasse heben.

5. Die Hälfte der Aprikosen mit der
Schnittfläche nach unten in die Auflaufform geben. Sie mit der Hälfte
der Quarkmasse bedecken. Die restlichen Aprikosen (einige für die Garnitur aufheben) darauf geben und
mit der restlichen Quarkmasse bedecken. Mit den zurückgehaltenen
Aprikosen garniernen.

6. Die gehobelten Mandeln auf den
Auflauf streuen und ihn auf dem
niedrigen Rost zunächst 18 Minuten
bei 595 Watt garen. Ihn dann 6 Minuten bei 595 Watt kombiniert mit
der Grillfunktion weitergaren.

7. Den Auflauf nach dem Garen noch
etwa 10 Minuten ruhen lassen.

TIPP

Bei der Zubereitung im Nicht-
Simultan-Gerät ändert sich folgender
Zubereitungsschritt:
Schritt 6: Die gehobelten Mandeln
über den Auflauf streuen und ihn auf
dem niedrigen Rost zunächst 24 Minuten bei 595 Watt garen. Ihn dann
6 Minuten unter dem Grill weitergaren.

AUFLÄUFE UND GRATINS

Quarkauflauf mit Kirschen

■ Für das Sologerät
Zubereitungszeit: ca. 30 Min.
2 Portionen
ca. 540 kcal je Portion

1 TL Butter für die Form
175 g Schattenmorellen aus dem Glas
1 kleiner Apfel
2 frische Eier
250 g Speisequark, 20 % Fett
2 EL Zucker (30 g)
1 TL Vanillinzucker
2 EL Speisestärke
3 EL Zitronensaft
$^1/_2$ TL abgriebene Schale von einer unbehandelten Zitrone
5 EL gehobelte Mandeln (30 g)

1. Eine runde Kochschüssel (1 l Inhalt) mit der Butter ausfetten. Die Schattenmorellen auf einem Sieb gut abtropfen lassen.

2. Den Apfel schälen, das Kerngehäuse ausstechen und das Fruchtfleisch in feine Scheiben schneiden. Die Eier trennen und die Eiweiße sehr steif schlagen.

3. Speisequark mit Zucker, Vanillinzucker, Speisestärke, Zitronensaft und Zitronenschale verrühren und die steif geschlagenen Eiweiße vorsichtig darunter heben.

4. Die Hälfte der Quarkmasse in die gefettete Form geben. Die Schattenmorellen und die Apfelscheiben darauf verteilen und mit der restlichen Quarkmasse so abdecken, dass die Kirschen nicht mehr zu sehen sind.

5. Den Auflauf mit den gehobelten Mandeln bestreuen, die Schüssel offen ins MWG stellen und den Auflauf 17 Minuten bei 420 Watt garen.

VARIATION

Je nach Geschmack können Sie die Kirschen auch durch 50 g Rosinen ersetzen. Die Rosinen schmecken besonders aromatisch, wenn sie vorher in Rum eingelegt wurden.

TIPP

Wenn Sie den Quarkauflauf als Nachtisch servieren, reicht er prima für 4 Personen.

Quarkgratin
mit Beeren

■ Für das Grill-Mikrowellengerät
Zubereitungszeit: ca. 20 Min.
4 Portionen
ca. 270 kcal je Portion

1 TL Butter für die Form
200 g Beeren (z.B. Erdbeeren, Johannis-
   beeren, Himbeeren, Brombeeren)
2 frische Eier
250 g Magerquark
1 TL Speisestärke
50 g gehackte Mandeln
1 gehäufter EL Zucker
60 g Sahne
1 Päckchen Vanillezucker
1 EL Puderzucker

1. Eine runde Quicheform (24 cm ⌀)
einfetten. Die Beeren vorsichtig waschen, verlesen und gut abtropfen
lassen.

2. Die Eier trennen. Die Eiweiße zu
steifem Schnee schlagen.

3. Magerquark mit Eigelben, Speisestärke, Mandeln, Zucker, Sahne und
Vanillezucker gut verrühren. Anschließend den Eischnee vorsichtig
darunter heben.

4. Die Quarkmasse gleichmäßig in
der gefetteten Form verteilen.

5. Dann die Beeren auf der Quarkmasse verteilen und das Dessert auf
dem hohen Rost 9 Minuten bei
425 Watt kombiniert mit der Grillfunktion gratinieren.

6. Das Gratin mit dem Puderzucker
bestäubt heiß servieren.

TIPP

Bei der Zubereitung im Nicht-
Simultan-Gerät ändert sich folgender
Zubereitungsschritt:
Schritt 5: Die Beeren auf der Quarkmasse verteilen und das Dessert auf
dem hohen Rost zunächst 8 1/2 Minuten bei 595 Watt garen. Dann
weitere 6 1/2 Minuten unter dem
Grill gratinieren.

AUFLÄUFE UND GRATINS

Kokosgratin mit Grand Marnier

▨ Für das Grill-Mikrowellengerät
Zubereitungszeit: ca. 25 Min.
4 Portionen
ca. 280 kcal je Porton

150 g Mandarinen aus der Dose
1 TL Butter
2 frische Eier
250 g Magerquark
60 g Sahne
50 g Zucker
60 g Kokosraspel
1 TL Speisestärke
5 EL Grand Marnier (Orangenlikör)

1. Die Mandarinen gut abtropfen lassen. Eine runde Quicheform (24 cm ∅) einfetten.

2. Die Eier trennen. Die Eiweiße steif schlagen. Magerquark mit Sahne, Eigelben, Zucker, 50 g Kokosraspeln, Speisestärke und Grand Marnier gut verrühren. Dann den Eischnee vorsichtig darunter heben.

3. Die Masse in die Quicheform geben und glatt streichen. Die Mandarinen auf der Quarkmasse verteilen.

4. Die restlichen Kokosraspel darüber streuen und das Dessert auf dem hohen Rost zunächst 8 Minuten bei 425 Watt garen. Es dann 6 Minuten bei 425 Watt kombiniert mit der Grillfunktion gratinieren. Das Gratin anschließend sofort servieren.

TIPP

Bei der Zubereitung im Nicht-Simultan-Gerät ändert sich folgender Zubereitungsschritt:
Schritt 4: Die restlichen Kokosraspel darüber streuen und das Dessert auf dem hohen Rost zunächst 10 Minuten bei 595 Watt garen. Es dann 6 Minuten unter dem Grill gratinieren.

Badischer Kirschenplotzer

■ Für das Grill-Mikrowellengerät
Zubereitungszeit: ca. 45 Min.
4 Portionen
ca. 610 kcal je Portion

3 altbackene Brötchen
150 ml Milch
3 frische Eier
125 g Zucker
2 Päckchen Vanillezucker
etwas Salz
500 g Magerquark
1 EL Zitronensaft
75 g Grieß
3 TL Backpulver
360 g Schattenmorellen aus dem Glas
1 TL Butter
3 EL gehobelte Mandeln

1. Die Brötchen mit dem Messer fein würfeln. Die Milch in einer runden Kochschüssel (0,65 l Inhalt) 1 Minute bei 850 Watt erhitzen. Die Brötchenwürfel hineingeben, umrühren und solange warten, bis die Brötchenwürfel die Milch aufgesaugt haben.

2. Die Eier trennen. Die Eigelbe zusammen mit Zucker, Vanillezucker und Salz schaumig schlagen.

3. Quark, Zitronensaft, Grieß und Backpulver dazugeben und alles mit einem Kochlöffel gut verrühren.

4. Die eingeweichten Brötchenwürfel zur Quarkmasse geben.

5. Die Schattenmorellen gut abtropfen lassen und ebenfalls zur Quarkmasse geben. Alles vorsichtig mischen. Die Eiweiße steif schlagen, unter die Kirschmasse heben.

6. Eine runde Auflaufform (20,5 cm ⌀) mit der Butter einfetten, die Quarkmasse hineinfüllen, glatt streichen und mit den Mandeln bestreuen.

7. Das Dessert auf dem niedrigen Rost zunächst 12 Minuten bei 425 Watt garen. Es dann 10 Minuten bei 425 Watt kombiniert mit der Grillfunktion backen.

TIPP ■

Bei der Zubereitung im Nicht-Simultan-Gerät ändert sich folgender Zubereitungsschritt:
Schritt 7: Das Dessert auf dem niedrigen Rost zunächst 21 Minuten bei 595 Watt garen, dann 6 Minuten unter dem Grill backen.

AUFLÄUFE UND GRATINS

Apfel-Reis-Auflauf

■ Für das Sologerät
Zubereitungszeit: ca. 90 Min.
4 Portionen
ca. 423 kcal je Portion

125 g Rundkornreis (Milchreis)
1/2 l Milch
2 EL Zucker (40 g)
1 Päckchen Vanillezucker oder das Mark
von 1/2 Vanilleschote
etwas geriebene Schale einer
* unbehandelten Zitrone*
Salz
1 TL Butter
500 g säuerliche Äpfel
2 EL Zitronensaft
Zimt
50 g Rosinen
1 TL Butter für die Form
2 EL Zucker (40 g)

1. Den Reis waschen. Zusammen mit der Milch, dem Zucker, dem Vanillezucker oder dem Vanillemark, der Zitronenschale, dem Salz und der Butter in eine hohe, verschließbare Form (25–28 cm ∅) geben. Alles verrühren und zugedeckt etwa 7 Minuten bei 600 Watt ankochen, dann etwa 30 Minuten bei 300 Watt ausquellen lassen. Zwischendurch einmal umrühren.

2. Die Äpfel waschen, schälen, vierteln, die Kerngehäuse entfernen und das Fruchtfleisch in Scheiben schneiden. Mit dem Zitronensaft, 1/4 Teelöffel Zimt und den gewaschenen Rosinen in einer Schüssel mischen, abdecken und kurz ziehen lassen.

3. Eine flache, verschließbare Form (25–28 cm ∅) mit der Butter ausfetten. Abwechselnd den Milchreis und die Apfel-Rosinen-Mischung hineinschichten, dabei mit der Apfel-Rosinen-Mischung abschließen.

4. Den Auflauf zugedeckt etwa 12 Minuten bei 600 Watt garen. Vor dem Servieren mit Zucker und Zimt bestreuen.

TIPP

Servieren Sie dazu nach Belieben gebräunte Butter.

Beilagen

Die Kartoffel als liebste Beilage in unserer Küche gelingt auch in der Mikrowelle vorzüglich, wenn Sie einige Grundregeln beachten.

Generell sollten Sie nur kleine Mengen bis 500 g in der Mikrowelle garen. Größere Kartoffelmengen gehören in den Topf und werden auf der Herdplatte wie gewohnt gegart. Verwenden Sie immer gleich große Kartoffeln oder Kartoffelstücke, da sonst die Garzeiten unterschiedlich sind.

Gießen Sie beim Garen von Salzkartoffeln mehr Flüssigkeit an als bei Gemüse. Die Kartoffeln benötigen mehr Feuchtigkeit, da sie sonst leicht eine ledrige Haut bekommen. Dies ist unansehnlich und schmeckt zudem nicht gut. Verschließen Sie das Gefäß mit einem passenden Deckel. So kann sich der Dampf an der Deckeloberfläche sammeln und auf das Gargut tropfen.

Für Pellkartoffeln sollten Sie die gesäuberten Kartoffeln vor dem Garen mehrmals mit einer Gabel einstechen, um ein Zerreißen oder Platzen zu verhindern. Bei Frühkartoffeln, die in der Mikrowelle besonders gut gelingen, müssen Sie die dünne Schale nicht einstechen. Sie gibt dem Druck nach und reißt auf. Pellkartoffeln sollten immer gleich groß sein. Schichten Sie sie niemals übereinander, sondern legen Sie sie am besten nebeneinander und kreisförmig in das Gargefäß.

Was für Kartoffeln gilt, trifft auch für das Garen von Reis und Nudeln zu. Größere Mengen sollten Sie weiterhin in einem Topf auf dem Herd garen. Für 1 Tasse Reis benötigt man etwa 2 Tassen leicht gesalzenen Wassers. Das Gleiche gilt auch für Nudeln. Reis und Nudeln werden zunächst bei voller Leistung erhitzt und dann bei geringerer Wattzahl fortgekocht. Einige Tropfen Öl im Garwasser verhindern, dass Reis und Nudeln verkleben. Auf jeden Fall sollten Sie auch hier während des Garens in der Mikrowelle mehrmals umrühren, damit sich die Hitze im Gargut gleichmäßig verteilt.

Buntes Gemüse

■ Für das Sologerät
Zubereitungszeit: ca. 30 Min.
2 Portionen
ca. 240 kcal je Portion

1 Möhre (100 g)
1 kleine Kohlrabiknolle (100 g)
1 mittelgroße Kartoffel (100 g)
100 g TK-Erbsen
2 EL Margarine
30 g gekochter Schinken
1 EL gehackte Petersilie

1. Die Möhre, die Kohlrabiknolle und die Kartoffel schälen und waschen. Das Gemüse in gleichmäßig große Würfel schneiden und getrennt nebeneinander in eine runde Pieform (22,5 cm ∅) legen. 3 Esslöffel Wasser hinzufügen, die Form zugedeckt ins MWG stellen und das Gemüse 5 Minuten bei 600 Watt garen.

2. Die tiefgekühlten Erbsen hinzufügen und das Gemüse zugedeckt 5 Minuten bei 600 Watt weitergaren.

3. Inzwischen den Schinken in feine Streifen schneiden und zusammen mit der Margarine in einer runden Kochschüssel (1 l Inhalt) erwärmen.

4. Den Schinken mit der Margarine über das Gemüse gießen und dieses mit der Petersilie bestreut servieren.

Ananaskraut

■ Für das Sologerät
Zubereitungszeit: ca. 15 Min.
2 Portionen
ca. 160 kcal je Portion

1/2 Zwiebel (25 g)
2 TL Margarine
75 g Ananas aus der Dose
175 g Sauerkraut
25 ml trockener Weißwein
etwas Salz
Zucker
2 Wacholderbeeren

1. Die Zwiebel schälen, fein würfeln und mit der Margarine in eine verschließbare, runde Kochschüssel (2 l Inhalt) geben. Diese offen ins MWG stellen und die Zwiebel 1 Minute bei 600 Watt anbraten.

2. Die Ananasringe abtropfen lassen und den Saft dabei auffangen. Anschließend die Ringe in mundgerechte Stücke schneiden.

3. Das Sauerkraut, die Ananasstücke, 50 ml Ananassaft, den Weißwein und die Gewürze zu den Zwiebelwürfeln geben.

4. Die Kochschüssel zugedeckt ins MWG stellen und das Gemüse 1 1/2 Minuten bei 600 Watt sowie 7 Minuten bei 420 Watt garen.

Ratatouille

■ Für das Sologerät
Zubereitungszeit: ca. 20 Min.
2 Portionen
ca. 80 kcal je Portion

1/2 Zwiebel (25 g)
1 TL Olivenöl
1/2 rote Paprikaschote (50 g)
1/2 grüne Paprikaschote (50 g)
100 g Aubergine
100 g Zucchini
1/2 Tomate (50 g)
1 Knoblauchzehe
etwas Salz
frisch gemahlener Pfeffer
gehacktes Basilikum
gerebelter Thymian
gerebelter Estragon
gemahlener Rosmarin

1. Die Zwiebel schälen, fein würfeln
und mit dem Olivenöl in eine verschließbare, runde Kochschüssel
(2 l Inhalt) geben. Diese offen ins
MWG stellen und die Zwiebeln 1 Minute bei 600 Watt garen.

2. Die Paprikaschoten waschen, die
Häute und die Kerne entfernen und
das Fruchtfleisch in Streifen schneiden. Die Aubergine und die Zucchini
waschen, die Stängelansätze entfernen und das Gemüse in dünne
Scheiben schneiden.

3. Die Tomate waschen, den Stängelansatz entfernen und das Fruchtfleisch in große Würfel schneiden.

4. Das Gemüse zu den angedünsteten
Zwiebeln geben. Die Knoblauchzehe
schälen, zerdrücken und ebenfalls in
die Schüssel geben. Das Ratatouille
mit den Gewürzen und den Kräutern
abschmecken und zugedeckt 3 Minuten bei 600 Watt sowie weitere 3 Minuten bei 300 Watt garen.

BEILAGEN

Béchamelkartoffeln

■ Für das Sologerät
Zubereitungszeit: ca. 30 Min.
2 Portionen
ca. 330 kcal je Portion

400 g Kartoffeln
1 Zwiebel (50 g)
30 g roher Schinken
1 EL Butter
1 EL Mehl
100 ml Milch
100 ml Wasser
2 TL gekörnte Brühe
etwas Salz
frisch gemahlener Pfeffer

1. Die Kartoffeln waschen und die Schale mit einem Zahnstocher mehrfach einstechen. Dann die Kartoffeln zusammen mit 4 Esslöffeln Wasser in eine verschließbare, runde Kochschüssel (2 l Inhalt) geben, diese zugedeckt ins MWG stellen und die Kartoffeln 8 Minuten bei 600 Watt garen. Die Kartoffeln zunächst beiseite stellen.

2. Inzwischen die Zwiebel schälen und fein würfeln. Den Schinken ebenfalls würfeln und die Butter und das Mehl zu einem Kloß verkneten.

3. Die Zwiebel- und die Schinkenwürfel zusammen mit dem Butter-Mehl-Kloß, der Milch, 100 ml Wasser, der gekörnten Brühe und den Gewürzen in die Kochschüssel geben und die Sauce zugedeckt 5 Minuten bei 600 Watt garen.

4. Inzwischen die Kartoffeln schälen und in Scheiben schneiden.

5. Die Sauce nach dem Kochen mit einem Schneebesen kräftig durchrühren, bis sich die Mehlbutter vollständig aufgelöst hat.

6. Die Kartoffelscheiben in die Sauce geben und darin nochmals 1 Minute bei 600 Watt erhitzen.

BEILAGEN

Salzkartoffeln

■ Für das Sologerät
Zubereitungszeit: ca. 15 Min.
2 Portionen
ca. 140 kcal je Portion

400 g Kartoffeln
etwas Salz
40 ml Wasser

1. Gleich große Kartoffeln aussuchen, schälen, halbieren und in eine runde Kochschüssel (2 l Inhalt) legen. Salz und 40 ml Wasser hinzufügen.

2. Die Schüssel zugedeckt ins MWG stellen und die Kartoffeln 8 Minuten bei 600 Watt garen.

Gebackene Kartoffeln

■ Für das Sologerät
Zubereitungszeit: ca. 10 Min.
2 Portionen
ca. 110 kcal je Portion

300 g Katoffeln
Alufolie

1. Die Kartoffeln mit der Schale waschen und mit einem Zahnstocher mehrmals einstechen.

2. Anschließend die Kartoffeln auf den Drehteller legen und 6 Minuten bei 600 Watt garen. Dann die heißen Kartoffeln in Alufolie wickeln und etwa 5 Minuten stehen lassen. In der Alufolie servieren.

Käsekartoffeln

■ Für das Sologerät
Zubereitungszeit: ca. 10 Min.
2 Portionen
ca. 170 kcal je Portion

200 g Kartoffeln
etwas Salz
gemahlener Pfeffer
50 g geriebener Emmentaler, 45 % F. i. Tr.

1. Die Kartoffeln schälen, waschen und in dünne Scheiben schneiden.

2. Die Kartoffelscheiben in eine ovale Gratinform (23,5 cm lang) schichten und mit Pfeffer und Salz würzen. Den geriebenen Käse darüber streuen, die Gratinform offen ins MWG stellen und die Kartoffeln 5 Minuten bei 600 Watt garen.

Gekochter Reis

◾ Für das Sologerät
Zubereitungszeit: ca. 20 Min.
2 Portionen
ca. 220 kcal je Portion

125 g parboiled Langkornreis
250 ml Wasser
etwas Salz

1. Den Reis mit 250 ml Wasser und etwas Salz in eine verschließbare, runde Kochschüssel (2 l Inhalt) geben.

2. Die Schüssel zugedeckt ins MWG stellen und den Reis 4 Minuten bei 600 Watt und weitere 12 Minuten bei 180 Watt garen.

VARIATIONEN

◾ Für Safranreis fügen Sie dem Kochwasser eine Messerspitze gemahlenen Safran hinzu.
Geben Sie je 1/4 rote und grüne Paprikaschote, in Würfel geschnitten, zu dem Reis und garen Sie das Ganze zugedeckt 6 Minuten bei 600 Watt und weitere 12 Minuten bei 180 Watt.

◾ Je nach Geschmack können Sie auch Vollkornreis verwenden. Für 120 g Vollkornreis benötigen Sie 375 ml Wasser. Dieser Reis wird 5 Minuten bei 600 Watt angekocht und muss 30 Minuten bei 180 Watt ausquellen.

Gemüsereis

◾ Für das Sologerät
Zubereitungszeit: ca. 25 Min.
2 Portionen
ca. 240 kcal je Portion

1 Zwiebel (50 g)
80 g Lauch
50 g Möhren
125 g parboiled Langkornreis
250 ml Wasser
2 TL gekörnte Brühe

1. Die Zwiebel schälen und fein würfeln. Den Lauch putzen, halbieren, waschen und in Ringe schneiden. Die Möhren schälen, waschen und in dünne Streifen oder schmale Scheiben schneiden.

2. Das Gemüse zusammen mit dem Reis, 250 ml Wasser und der gekörnten Brühe in eine verschließbare, runde Kochschüssel (2 l Inhalt) geben, umrühren und die Schüssel zugedeckt ins MWG stellen. Den Gemüsereis 6 Minuten bei 600 Watt und weitere 12 Minuten bei 180 Watt garen.

Butternudeln

■ Für das Sologerät
Zubereitungszeit: ca. 20 Min.
2 Portionen
ca. 280 kcal je Portion

120 g Nudeln
etwas Salz
300 ml Wasser
2 TL Butter

1. Die Nudeln mit Salz und 300 ml Wasser in eine verschließbare, runde Kochschüssel (2 l Inhalt) geben, diese zugedeckt ins MWG stellen und die Nudeln 4 Minuten bei 600 Watt sowie weitere 9 Minuten bei 300 Watt garen.

2. Nudeln so lange mit heißem Wasser abspülen, bis sie nicht mehr aneinander haften. Abtropfen lassen und in eine große Schüssel füllen.

3. Butter ½ Minute bei 600 Watt schmelzen lassen und über die Nudeln gießen.

TIPP ■

Wenn Sie Spaghetti kochen möchten, verwenden Sie eine ovale Gratinform (23,5 cm lang), und decken Sie diese mit Mikrowellenfolie ab.

Bayerische Semmelknödel

■ Für das Sologerät
Zubereitungszeit: ca. 15 Min.
2 Portionen
ca. 520 kcal je Portion

1 Zwiebel (50 g)
2 TL Butter
3 TL gehackte Petersilie
200 g altbackene Brötchen
4 frische Eier
etwas Salz
frisch gemahlener Pfeffer

1. Die Zwiebel schälen und fein würfeln. Sie zusammen mit der Butter und der Petersilie in eine verschließbare, runde Kochschüssel (2 l Inhalt) geben, diese offen ins MWG stellen und das Ganze 1 Minute bei 600 Watt andünsten.

2. Inzwischen die Brötchen in kleine Würfel schneiden und die Eier mit Salz und Muskat verrühren.

3. Alle Zutaten zu einer Masse verkneten und daraus vier Knödel formen. Diese in eine verschließbare, runde Kochschüssel (2 l Inhalt) legen und darin zugedeckt 3 Minuten bei 600 Watt garen.

BEILAGEN

Fenchel in pikanter Hülle

■ Für das Sologerät
Zubereitungszeit: ca. 15 Min.
2 Portionen
ca. 250 kcal je Portion

2 Fenchelknollen (à 200 g)
1 Zwiebel
1 bis 2 Knoblauchzehen
1 EL Olivenöl
2 Tomaten
Salz
frisch gemahlener Pfeffer
1/2 TL Dill
1 Msp. gemahlener Salbei
5 EL Paniermehl
5 EL geriebener Parmesan
1 Msp. Cayennepfeffer

1. Die Fenchelknollen putzen, waschen und in mundgerechte Stücke schneiden. Dann die Zwiebel und die Knoblauchzehen schälen, beides fein hacken.

2. Die Fenchelstücke mit den Zwiebelstückchen und der Hälfte des Knoblauchs im Olivenöl 2 Minuten bei 600 Watt (500 Watt 2 1/2 Minuten) andünsten.

3. Unterdessen die Tomaten mit kochendem Wasser übergießen, enthäuten, eventuell entkernen und klein schneiden. Den grünen Stängelansatz entfernen. Dann die Tomatenstücke mit dem Fenchel verrühren, mit Salz, Pfeffer, Dill und Salbei würzen und 1/2 Minute bei 600 Watt (500 Watt 3/4 Minute) erhitzen.

4. Das Paniermehl mit dem Käse und dem Rest Knoblauch vermischen und mit etwas Cayennepfeffer würzen. Das Gemisch über die Fenchel-Tomaten-Masse verteilen und offen zunächst 3 Minuten bei 300 bis 360 Watt garen, dann drehen und noch einmal 2 Minuten bei 450 bis 500 Watt überbacken.

121

Saucen und Dips

Auch bei der Zubereitung von Saucen können Sie sich die Arbeit im Mikrowellengerät erleichtern. Sie brauchen kein Anbrennen zu befürchten, müssen das Erwärmen nicht ständig überwachen und können die fertige Sauce im Kochgeschirr servieren. Beim Zubereiten von Saucen sollten Sie beachten, dass eine normale Fett-Mehl-Bindung beim Erhitzen in der Mikrowelle nicht stabil bleibt. Die einzige Ausnahme ist die so genannte Mehlbutter, die in der „Hellen Grundsauce" (Seite 123) verwendet wird. Diese Bindung verträgt ein kurzes Erhitzen, jedoch kein längeres Kochen. Auch Stärkemehl, wie es beim konventionellen Kochen angewendet wird, bindet gut und übersteht ein erneutes Aufkochen, Fortkochen, Einfrieren und Erhitzen.

Für einige unserer Saucen benötigen Sie Kräuter. Wussten Sie, dass sich frische Kräuter ganz einfach im Mikrowellengerät trocknen lassen? Kräuter und Gewürze enthalten im Frühsommer die meisten Aromastoffe und Vitamine. Zu dieser Zeit sollte man sie frisch ernten.

Petersilie, Schnittlauch und ähnliche Kräuter werden gewaschen, gehackt und auf Küchenpapier ausgebreitet. Bei höchster Leistungsstufe werden sie dann kurz getrocknet. Danach können Sie Ihre eigenen Trockenkräuter in gut verschließbaren Dosen aufbewahren. Legen Sie sich jedoch keine allzu großen Vorräte an getrockneten Kräutern an, denn auch bei sachgerechter Aufbewahrung verlieren die Gewürz- und Lebensmittel im Laufe der Zeit ihre wertvollen Inhaltsstoffe.

SAUCEN UND DIPS

Helle Grundsauce

■ Für das Sologerät
Zubereitungszeit: ca. 15 Min.
2 Portionen
ca. 180 kcal je Portion

1 EL Margarine
1 EL Mehl
100 ml Wasser
2 TL gekörnte Brühe
100 ml Milch
40 g Sahne
etwas Salz
frisch gemahlener Pfeffer
etwas Zitronensaft
etwas Worcestersauce

1. Die Margarine und das Mehl zu einem Kloß verkneten. Den Kloß mit dem Wasser, der gekörnten Brühe und der Milch in eine verschließbare, runde Kochschüssel (1 l Inhalt) geben, diese zugedeckt ins MWG stellen und die Flüssigkeit 2 Minuten bei 600 Watt erhitzen.

2. Die Sauce mit einem Schneebesen kräftig durchrühren, bis alle Klümpchen verschwunden sind.

3. Anschließend die Sauce nochmals 1 Minute bei 600 Watt erhitzen. Die Sahne hinzugeben, einmal umrühren, und die Sauce mit den restlichen Zutaten würzig abschmecken.

VARIATIONEN

■ Käsesauce: Rühren Sie 3 Esslöffel geriebenen Emmentaler und 1 Teelöffel trockenen Weißwein nach dem Erhitzen in die Sauce, bis sich der Käse aufgelöst hat.
■ Petersiliensauce: Rühren Sie 2 Esslöffel gehackte Petersilie nach dem Erhitzen in die Sauce.
■ Tomatensauce: Rühren Sie 3 Teelöffel Tomatenmark, 1 Esslöffel Tomatenketchup, 1 Teelöffel gehacktes Basilikum und 1 gehäutete, gewürfelte Tomate nach dem Erhitzen in die Sauce.

SAUCEN UND DIPS

Gorgonzola-Sahne-Sauce

- Für das Sologerät
Zubereitungszeit: ca. 20 Min.
2 Portionen
ca. 390 kcal je Portion

1/2 Zwiebel (25 g)
1 kleine Scheibe roher Schinken (30 g)
50 g Gorgonzola, 50 % F. i. Tr.
150 g Sahne
1 EL Weißwein

1. Die Zwiebelhälfte schälen und fein würfeln. Den Schinken in kleine Streifen schneiden. Beides in eine runde Kochschüssel (1 l Inhalt) geben, diese offen ins MWG stellen und das Ganze 2 1/2 Minuten bei 600 Watt andünsten.

2. Den Gorgonzola in kleine Stücke schneiden, zusammen mit der Sahne und dem Weißwein zu der Zwiebelmischung geben und die Sauce in der offenen Form 3 Minuten bei 420 Watt einkochen lassen.

3. Die Sauce einmal umrühren und nochmals 3 Minuten bei 420 Watt köcheln lassen.

TIPP

Diese Sauce passt gut zu Nudeln und Gemüse.

Italienische Tomatensauce

- Für das Sologerät
Zubereitungszeit: ca. 15 Min.
2 Portionen
ca. 190 kcal je Portion

25 g durchwachsener Speck
1/2 Zwiebel (25 g)
1 Lorbeerblatt
2 Tomaten aus der Dose (200 g)
1/2 Knoblauchzehe
frisches Basilikum
gerebelter Oregano
etwas Salz
frisch gemahlener Pfeffer
2 TL Zucker
100 ml Wasser
2 TL gekörnte Brühe
3 TL Tomatenmark
2 EL Crème fraîche

1. Den Speck in feine Würfel schneiden. Die Zwiebelhälfte schälen und ebenfalls in feine Würfel schneiden.

2. Den Speck zusammen mit der Zwiebel und dem Lorbeerblatt in eine verschließbare, runde Kochschüssel (1 l Inhalt) geben, diese offen ins MWG stellen, und das Ganze 3 Minuten bei 600 Watt dünsten.

3. Inzwischen die Tomaten abtropfen lassen, entkernen und in Würfel schneiden. Die Knoblauchzehe schälen, zerdrücken und mit den Tomaten zu der Speck-Zwiebel-Mischung geben.

SAUCEN UND DIPS

4. Kräuter, Gewürze, Wasser, gekörnte Brühe und das Tomatenmark hinzufügen und das Ganze mischen.

5. Die Kochschüssel zugedeckt ins MWG stellen, und die Sauce 2 Minuten bei 600 Watt aufkochen lassen. Die Crème fraîche hinzufügen und mit der Sauce glatt rühren.

TIPP

Diese Sauce passt gut zu Hackbraten und Nudelgerichten.

Bologneser Sauce

▓ Für das Sologerät
Zubereitungszeit: ca. 20 Min.
2 Portionen
ca. 200 kcal je Portion

30 g Möhre
80 g Lauch
$^1/_2$ Zwiebel (25 g)
1 TL Margarine
$^1/_2$ Knoblauchzehe
100 g gemischtes Hackfleisch
200 ml Wasser
2 TL gekörnte Brühe
3 TL Tomatenmark
1 Lorbeerblatt
gerebelter Majoran
gerebelter Thymian
getrockneter Rosmarin

etwas Salz
frisch gemahlener Pfeffer
Zucker
1 TL Mehl

1. Die Möhre schälen, waschen und fein würfeln. Den Lauch putzen, halbieren, waschen und in feine Streifen schneiden. Die Zwiebelhälfte schälen und fein würfeln.

2. Das Gemüse mit der Margarine in eine verschließbare, runde Kochschüssel (1 l Inhalt) geben, diese offen ins MWG stellen und das Gemüse 3 Minuten bei 600 Watt andünsten.

3. Die Knoblauchzehe schälen, zerdrücken und zu dem Gemüse geben.

4. Das Hackfleisch in kleine Stücke zerpflücken, über das Gemüse verteilen und das Wasser, die gekörnte Brühe, das Tomatenmark, die Kräuter und die Gewürze dazugeben.

5. Das Ganze gut mischen, die Kochschüssel zugedeckt ins MWG stellen und die Sauce 6 Minuten bei 600 Watt garen. Inzwischen das Mehl mit 1 EL Wasser glatt rühren.

6. Das angerührte Mehl in die Sauce geben, diese umrühren und nochmals 1 Minute bei 600 Watt erhitzen.

TIPP

Diese Sauce passt zu Nudeln wie Spaghetti oder Tagliatelle.

125

Currysauce

■ Für das Sologerät
Zubereitungszeit: ca. 20 Min.
2 Portionen
ca. 250 kcal je Portion

1 Zwiebel (50 g)
1/2 kleiner Apfel (50 g)
2 TL Currypulver
1/2 Banane (75 g)
1/2 Birne aus der Dose (55 g)
1 EL Butter
1 EL Mehl
100 ml Wasser
2 TL gekörnte Brühe
100 ml Milch
etwas Salz
einige Spritzer Sojasauce
50 g Sahne
etwas Zitronensaft
trockener Weißwein nach Belieben

1. Die Zwiebel schälen und würfeln. Den Apfel schälen, entkernen und ebenfalls fein würfeln. Beides zusammen mit dem Currypulver in eine verschließbare, runde Kochschüssel (1 l Inhalt) geben, diese offen ins MWG stellen und das Ganze 3 Minuten bei 600 Watt andünsten.

2. Inzwischen die Banane schälen und in Stifte schneiden. Die Birne abtropfen lassen und würfeln.

3. Die Butter und das Mehl zu einem Kloß verkneten. Diesen zusammen mit der Banane, der Birne, dem Wasser, der gekörnten Brühe, der Milch, dem Salz und der Sojasauce unter die Zwiebel-Apfel-Mischung heben.

4. Die Kochschüssel zugedeckt ins MWG stellen und die Zwiebel-Apfel-Mischung 2 Minuten bei 600 Watt erhitzen.

5. Die Sauce mit einem Schneebesen kräftig durchrühren, bis alle Klümpchen weg sind.

6. Die Currysauce nochmals 1 Minute bei 600 Watt erhitzen. Dann die Sahne hinzugeben und das Ganze mit dem Zitronensaft und dem Weißwein abschmecken.

SAUCEN UND DIPS

Joghurt-Gurken-Dip

■ Für das Sologerät
Zubereitungszeit: ca. 10 Min.
2 Portionen
ca. 120 kcal je Portion

1/2 Zwiebel (25 g)
1/2 kleine rote Paprikaschote (50 g)
1 TL Margarine
125 g Salatgurke
75 g Joghurt, 3,5 % Fett
75 g Speisequark, 20 % Fett
1 TL Worcestersauce
etwas Salz
frisch gemahlener Pfeffer

1. Die Zwiebelhälfte schälen und fein
würfeln. Die Paprikaschote waschen,
die Häute und die Kerne entfernen
und das Fruchtfleisch ebenfalls fein
würfeln.

2. Die Zwiebel- und die Paprikawür-
fel mit der Margarine in eine runde
Kochschüssel (1 l Inhalt) geben, diese
offen ins MWG stellen und das
Gemüse 2 1/2 Minuten bei 600 Watt
andünsten, dann abkühlen lassen.

3. Inzwischen die Salatgurke schälen,
der Länge nach durchschneiden und
mit einem spitzen Teelöffel die Kerne
herauslösen. Die Gurke sehr fein
raspeln.

4. Gurkenraspel, Joghurt, Quark,
Worcestersauce und Gewürze zu dem
Gemüse geben, alles verrühren und
nochmals abschmecken.

Florentiner Dip

■ Für das Sologerät
Zubereitungszeit: ca. 15 Min.
2 Portionen
ca. 330 kcal je Portion

75 g TK-Blattspinat
1 Scheibe roher Schinken (50 g)
1 Schalotte (25 g)
1 TL Margarine
50 g Doppelrahmfrischkäse
50 g Magerquark
2 1/2 EL gehackte Mandeln (25 g)
1 EL Milch
1/2 Knoblauchzehe
etwas Salz, Pfeffer

1. Den TK-Spinat in eine verschließbare, runde Kochschüssel (1 l Inhalt)
geben, diese zugedeckt ins MWG stellen und den Spinat 4 Minuten bei
180 Watt auftauen, dann in Streifen
schneiden.

2. Inzwischen den Schinken und die
Schalotte fein würfeln. Beides zusammen mit der Margarine in der offenen Kochschüssel 2 Minuten bei
600 Watt andünsten, anschließend
abkühlen lassen.

3. Den Spinat, den Käse, den Quark,
die Mandeln und die Milch zu der
Schinken-Schalotten-Masse geben.

4. Die Knoblauchzehe schälen,
zerdrücken und hinzufügen. Alles
verrühren und mit Salz und Pfeffer
abschmecken.

Desserts, Gebäck und Marmeladen

Beim Bereiten von Süßspeisen mit Milch werden Sie die Mikrowelle schnell schätzen lernen. Die Zeitschaltuhr ihres Gerätes sorgt dafür, dass die Milch nicht überkocht und ein Ansetzen mit anschließender lästiger Topfreinigung brauchen Sie auch nicht zu befürchten. Den großen Vorteil der Mikrowelle gegenüber dem konventionellen Kochen werden Sie deshalb beim Puddingkochen schätzen lernen.

Kuchenglasuren und Schokolade können Sie ebenfalls ohne Probleme im Mikrowellengerät schmelzen. Es geht schnell und Sie benötigen dafür kein aufwendiges Wasserbad. Rühren Sie die Glasur oder Schokolade zwischendurch einmal um, damit sich die Hitze gleichmäßig verteilt.

Mit dem Grill-Mikrowellengerät werden süße Aufläufe oder gratinierte Desserts an der Oberfläche schön braun. Wenn Sie vor dem Garen noch einige Butterflöckchen darauf setzen, können Sie die Bräunung damit noch verstärken.

Die Mikrowelle eignet sich auch sehr gut für die Zubereitung von kleineren Mengen Marmelade. Da sie nicht anbrennen kann, muss auch nicht ständig gerührt werden.

DESSERTS, GEBÄCK UND MARMELADEN

Vanillecreme

▨ Für das Sologerät
Zubereitungszeit: ca. 1 Std.
2 Portionen
ca. 370 kcal je Portion

1 Vanilleschote
2 EL Zucker (40 g)
1 frisches Eigelb
250 ml Milch
3 Blatt weiße Gelatine
1 frisches Eiweiß
100 g Sahne

1. Die Vanilleschote längs aufschneiden, das Mark herausschaben und mit dem Zucker, dem Eigelb und der Milch in einem mikrowellengeeigneten Litermaß (1 l Inhalt) gut verrühren.

2. Die Gelatineblätter etwa 5 Minuten in der Vanillemilch quellen lassen, anschließend das Litermaß ins MWG stellen und die Flüssigkeit 3 Minuten bei 600 Watt erhitzen. Das Ganze zwischendurch umrühren, denn die Flüssigkeit darf nicht kochen. Dann die Vanillemilch abkühlen lassen.

3. Inzwischen das Eiweiß und die Sahne getrennt steif schlagen.

4. Wenn die Vanillecreme anfängt zu gelieren, die Creme kräftig durchrühren und das Eiweiß und die Sahne vorsichtig darunter heben.

5. Die Vanillecreme etwa 30 Minuten zugedeckt in den Kühlschrank stellen.

Schoko-Nuss-Pudding

▨ Für das Sologerät
Zubereitungszeit: ca. 10 Min.
2 Portionen
ca. 655 kcal je Portion

2 Eigelb
5 EL süße Sahne
30 g Zucker
$^1/_2$ Päckchen Vanillezucker
100 g gemahlene Haselnüsse
1 Vollkornzwieback
2 EL Instant-Kakao
1 EL Kakao-Likör
2 Eiweiß

1. Eigelb, süße Sahne, Zucker, Vanillezucker, gemahlene Haselnüsse, geriebenen Vollkornzwieback, Kakao und Likör miteinander verrühren.

2. Eiweiß steif schlagen, vorsichtig unterheben und die Masse in eine gefettet Puddingform geben, abdecken.

3. In der Mikrowelle bei 700 Watt 4 Minuten garen.

4. Form aus der Mikrowelle nehmen und bei Raumtemperatur einige Minuten stehen lassen. Die Form stürzen und den Pudding nach Wunsch mit Sahne und gehackten Haselnüssen bestreut noch heiß servieren.

Mousse au Chocolat

■ Für das Sologerät
Zubereitungszeit: ca. 10 Min.
Kühlzeit: ca. 2 Std.
2 Portionen
ca. 380 kcal je Portion

75 g Zartbitterschokolade
50 g Sahne
2 frische Eigelbe
4 g Vanillezucker
2 frische Eiweiße
1 TL Zucker

1. Die Schokolade in Stücke brechen und mit der Sahne in eine runde Kochschüssel (1 l Inhalt) geben. Die Schüssel offen ins MWG stellen und das Ganze 1 Minute bei 600 Watt erhitzen. Die Schokolade zwischendurch einmal umrühren.

2. Die Eigelbe mit dem Vanillezucker verquirlen und nach und nach in die Schokoladenmasse einrühren.

3. Die Eiweiße steif schlagen und dabei langsam den Zucker hineinrieseln lassen. Den Eischnee vorsichtig unter die Schokoladenmasse heben, die Speise in Portionsschalen füllen und etwa 2 Stunden kalt stellen.

Mandelpudding mit Kirschen

■ Für das Sologerät
Zubereitungszeit: ca. 30 Min.
Kühlzeit: ca. 1 Std.
6 Portionen
ca. 400 kcal je Portion

1 TL Butter für die Form
125 g Schattenmorellen aus dem Glas
1 Tafel Zartbitterschokolade (100 g)
100 g gehackte Mandeln
50 g Butter
50 g Zucker
4 frische Eier
50 g Semmelbrösel
3 EL stark entöltes Kakaopulver

1. Eine runde Kochschüssel (1 l Inhalt) mit der Butter einfetten. Die Kirschen auf einem Sieb abtropfen lassen und die Schokolade fein reiben.

2. Die Schokolade mit Mandeln, Butter, Zucker, Eiern, Semmelbröseln und Kakaopulver verrühren.

3. Die Hälfte des Teiges in die Schüssel füllen. Die abgetropften Kirschen darauf geben und mit dem restlichen Teig abdecken. Die Schüssel offen ins MWG stellen und den Pudding 17 Minuten bei 420 Watt garen.

4. Den Pudding abkühlen lassen und auf einen flachen Teller stürzen.

Grießflammerie

■ Für das Sologerät
Zubereitungszeit: ca. 15 Min.
2 Portionen
ca. 320 kcal je Portion

1 frisches Ei
1/2 Vanilleschote
250 ml Milch
3 EL Grieß (30 g)
2 EL Zucker
4 EL gemahlene Haselnüsse (20 g)

1. Das Ei trennen. Die Vanilleschote längs aufschneiden, das Mark herausschaben und zusammen mit der Schote und der Milch in eine verschließbare, runde Kochschüssel (1 l Inhalt) geben. Die Kochschüssel offen ins MWG stellen und die Milch 3 1/2 Minuten bei 600 Watt aufkochen lassen. Inzwischen das Eiweiß steif schlagen.

2. Den Grieß, den Zucker und die gemahlenen Haselnüsse in die Milch einrieseln lassen, umrühren und den Grieß 3 Minuten bei 300 Watt ausquellen lassen. Diesen zwischendurch zweimal umrühren.

3. Die Vanilleschote herausnehmen. Zwei Esslöffel von dem Grießbrei abnehmen, mit dem Eigelb verquirlen und wieder in die Masse rühren.

4. Das steif geschlagene Eiweiß unter den Flammerie heben und ihn erkalten lassen.

Birne Helene

■ Für das Sologerät
Zubereitungszeit: ca. 10 Min.
2 Portionen
ca. 230 kcal je Portion

1 kleine Birne (100 g)
2 1/2 TL Zucker (20 g)
1/2 Zimtstange
25 g Zartbitterkuvertüre
35 g Sahne
60 g Vanilleeis

1. Die Birne schälen, halbieren und das Kerngehäuse entfernen. Die Birnenhälften in eine verschließbare, runde Kochschüssel (1 l Inhalt) geben und 2 Teelöffel Zucker, 3 Esslöffel Wasser und die Zimtstange hinzufügen. Die Schüssel zugedeckt ins MWG stellen und die Birne 3 Minuten bei 600 Watt garen. Anschließend die Birnenhälften herausnehmen.

2. Die Kuvertüre in Stücke schneiden und mit der Sahne und 1/2 Teelöffel Zucker in einer offenen Kochschüssel (1 l Inhalt) 1 Minute bei 600 Watt erhitzen, anschließend die Schokoladensauce umrühren.

3. Die Birnenhälften in Portionsschälchen legen, je eine Kugel Vanilleeis daneben setzen und das Dessert mit der heißen Schokoladensauce begießen.

Beschwipster Reis

■ Für das Sologerät
Zubereitungszeit: ca. 25 Min.
Kühlzeit: ca. 30 Min.
2 Portionen
ca. 480 kcal je Portion

50 g Rundkornreis
250 ml Milch
1¹/₂ EL Zucker
¹/₂ Vanilleschote
4 Blatt weiße Gelatine
125 g Sahne
60 g Rumtopffrüchte

1. Den Rundkornreis, die Milch und den Zucker in eine verschließbare, runde Kochschüssel (2 l Inhalt) geben. Die Vanilleschote längs aufschneiden und das Mark herausschaben. Das Vanillemark zusammen mit der Schote in die Schüssel geben, diese zugedeckt ins MWG stellen und das Ganze 3¹/₂ Minuten bei 600 Watt und weitere 15 Minuten bei 180 Watt aufkochen lassen.

2. Die Gelatine 5 Minuten in kaltem Wasser quellen lassen. Sie dann ausdrücken, zu dem heißen Reis geben und die Gelatine unter Rühren auflösen. Anschließend die Vanilleschote herausnehmen.

3. Die Speise kalt stellen. Inzwischen die Sahne steif schlagen und die Rumtopffrüchte auf einem Sieb abtropfen lassen.

4. Wenn die Reismasse zu gelieren beginnt (d. h. wenn ein Messerrücken durch die Creme gezogen wird und dessen Spuren nicht verlaufen), die Masse kräftig durchrühren und dann die Sahne und die Rumtopffrüchte vorsichtig darunter heben.

5. Die Reisspeise in Portionsschalen füllen und nochmals 30 Minuten kalt stellen.

TIPP

Garnieren Sie das Dessert mit ein paar Rumtopffrüchten oder einem Schokoblättchen.

DESSERTS, GEBÄCK UND MARMELADEN

Gratinierte Erdbeeren

▨ Für das Grill-Mikrowellengerät
Zubereitungszeit: ca. 20 Min.
4 Portionen
ca. 830 kcal je Portion

500 ml Milch
1 Vanilleschote
8 frische Eigelbe
130 g Zucker
1 EL Speisestärke
500 g Erdbeeren
2 frische Eiweiße
1 EL Puderzucker

1. Die Milch in eine verschließbare, runde Kochschüssel (2 l Inhalt) gießen.

2. Die Vanilleschote der Länge nach aufschneiden und das Mark mit einem Messer herauskratzen. Das Mark und die Schote zur Milch geben und alles zugedeckt 4½ Minuten bei 850 Watt erhitzen.

3. Die Eigelbe zusammen mit 80 g Zucker und der Speisestärke mit dem Schneebesen schaumig schlagen.

4. Die Vanilleschote aus der Milch nehmen. Die Milch vorsichtig in die Eiermasse rühren. Alles wieder in die Kochschüssel geben und offen 1½ Minuten bei 850 Watt binden lassen.

5. Die Vanillesauce mit dem Schneebesen kräftig durchrühren und etwa die Hälfte davon in eine runde Obsttortenform (27 cm ⌀) geben.

6. Die Erdbeeren waschen, die Stielansätze entfernen und die Beeren mit den Spitzen nach oben in die Vanillesauce in der Form setzen.

7. Die Eiweiße zu steifem Schnee schlagen. Dabei die restlichen 50 g Zucker langsam hineinrieseln lassen.

8. Den Eischnee in einen Spritzbeutel füllen und in Tupfen zwischen die Erdbeeren spritzen.

9. Das Dessert auf dem hohen Rost 4½ Minuten bei 425 Watt kombiniert mit der Grillfunktion gratinieren.

10. Die Erdbeeren mit Puderzucker bestäuben und die restliche Vanillesauce in einem Schälchen dazu servieren.

TIPP

Bei der Zubereitung im Nicht-Simultan-Gerät ändert sich folgender Zubereitungsschritt:
Schritt 9: Das Dessert auf dem hohen Rost zunächst 4 Minuten bei 425 Watt garen. Dann 4 Minuten unter dem Grill gratinieren.

DESSERTS, GEBÄCK UND MARMELADEN

Mandeläpfel

- Für das Sologerät
Zubereitungszeit: ca. 15 Min.
2 Portionen
ca. 310 kcal je Portion

1 EL Rosinen
1 EL Rum, 54 Vol.-%
1/2 TL Butter für die Form
200 g Äpfel
3 EL gehobelte Mandeln
2 1/2 TL Zucker
1/2 TL gemahlener Zimt
2 TL Butter

1. Die Rosinen waschen und in den Rum einlegen. Eine ovale Gratinform (23,5 cm lang) mit der Butter ausfetten.

2. Die Äpfel schälen, achteln und die Kerngehäuse entfernen. Die Apfelschnitze in die gefettete Form schichten.

3. Die Mandeln, den Zucker, den Zimt und die Butter in eine runde Kochschüssel (1 l Inhalt) geben und 1 Minute bei 300 Watt erwärmen, bis die Butter schmilzt.

4. Die geschmolzene Butter und die eingeweichten Rosinen über die Äpfel geben, die Gratinform offen ins MWG stellen und das Ganze 3 1/2 Minuten bei 600 Watt garen.

Bunte Obstspieße

- Für das Grill-Mikrowellengerät
Zubereitungszeit: ca. 20 Min.
4 Portionen
ca. 80 kcal je Portion

50 g Erdbeeren
50 g blaue Weintrauben
2 mittelgroße Kiwis
1 mittelgroße Orange
1 EL brauner Zucker
1 EL Honig

1. Die Erdbeeren waschen, die Stielansätze entfernen und die Früchte eventuell halbieren. Die Weintrauben waschen, halbieren und entkernen.

2. Die Kiwis schälen und jeweils in sechs gleich große Teile schneiden.

3. Die Orange schälen, dabei auch die weiße Schale entfernen, und in 12 gleich große Teile schneiden.

4. Das Obst nun abwechselnd auf vier Holzspieße (20 cm lang) stecken.

5. Zucker mit Honig verrühren und die Spieße bestreichen.

6. Spieße in einer Backschale auf dem hohen Rost 2 1/2 Minuten grillen. Dann die Spieße wenden und nochmals 2 1/2 Minuten grillen.

TIPP

Die Zubereitung im Nicht-Simultan-Gerät ist identisch.

DESSERTS, GEBÄCK UND MARMELADEN

Knusperäpfel mit Vanillesauce

■ Für das Grill-Mikrowellengerät
Zubereitungszeit: ca. 30 Min.
4 Portionen
ca. 420 kcal je Portion

1 Päckchen Vanillesaucenpulver
　zum Kochen
60 g Zucker
$^1/_2$ l Milch
2 große Äpfel
1 EL Zitronensaft
3 Scheiben eifreier Zwieback
50 g gemahlene Mandeln
50 g Butter

1. Das Vanillesaucenpulver zusammen mit 1 Esslöffel Zucker und der Milch in eine verschließbare, runde Kochschüssel (1,25 l Inhalt) geben, umrühren und zugedeckt etwa 4$^1/_2$ Minuten bei 850 Watt kochen lassen. Dabei öfter umrühren.

2. Die Äpfel schälen, vierteln und die Kerngehäuse entfernen. Die Äpfel raspeln, in eine runde Quicheform (24 cm ⌀) geben und mit dem Zitronensaft beträufeln.

3. Den Zwieback in einen Gefrierbeutel geben und mit einem Teigroller vorsichtig zerkleinern. Mit den Mandeln und den restlichen 50 g Zucker mischen und über die Äpfel geben.

4. Die Butter in einer mikrowellengeeigneten Tasse 1 Minute bei 850 Watt schmelzen lassen und über den Zwieback träufeln.

5. Das Dessert auf dem niedrigen Rost 10 Minuten bei 425 Watt kombiniert mit der Grillfunktion garen und mit der Vanillesauce servieren.

TIPP

Bei der Zubereitung im Nicht-Simultan-Gerät ändert sich folgender Zubereitungsschritt:
Schritt 5: Das Dessert auf dem hohen Rost zunächst 5 Minuten bei 595 Watt garen, dann 5 Minuten unter dem Grill weitergaren.

Karamellisierte Ananas

■ Für das Grill-Mikrowellengerät
Zubereitungszeit: ca. 25 Min.
4 Portionen
ca. 150 kcal je Portion

1 mittelgroße Ananas
2 TL Butter
1 EL brauner Zucker
4 EL Orangensaft

1. Die Ananas zusammen mit der Blattkrone der Länge nach in Viertel schneiden und jeweils den harten Mittelstrunk entfernen.

2. Das Fruchtfleisch entlang der Schale abschneiden, es aber auf der Schale liegen lassen. Das Fruchtfleisch quer in 1 cm dicke Stücke schneiden.

3. Die Ananasviertel mit den Blättern zur Mitte hin in eine ovale Backschale (32 cm lang) setzen.

4. Die Butter zusammen mit dem Zucker in eine mikrowellengeeignete Tasse geben und 1 ½ Minuten bei 850 Watt flüssig werden lassen.

5. Das Fruchtfleisch mit der Butter-Zucker-Mischung bepinseln und den Orangensaft schön gleichmäßig darüber träufeln.

6. Die Ananas in der Form auf dem hohen Rost 15 Minuten bei 425 Watt kombiniert mit der Grillfunktion grillen.

TIPP

Bei der Zubereitung im Nicht-Simultan-Gerät ändert sich folgender Zubereitungsschritt:
Schritt 6: Die Ananas in der Form auf dem hohen Rost zunächst 7 Minuten bei 850 Watt garen. Dann 15 Minuten unter dem Grill grillen.

Rotweinäpfel

■ Für das Sologerät
Zubereitungszeit: ca. 20 Min.
2 Portionen
ca. 270 kcal je Portion

2 mittelgroße säuerliche Äpfel
Saft von 1/2 Zitrone
1/2 Tasse Rotwein (75 ml)
1/2 Tasse Orangensaft (75 ml)
1 TL Zimtpulver
1 Prise Nelkenpulver
einige schwarze Pfefferkörner
1 P. Vanillezucker
Zucker nach Geschmack
1 TL Speisestärke
2 cl Orangenlikör (nach Belieben)

1. Die Äpfel schälen, das Kerngehäuse herausstechen und die Äpfel mit Zitronensaft beträufeln.

2. Den Rotwein, den Orangensaft, den Zimt, das Nelkenpulver und die Pfefferkörner sowie den Vanillezucker vermischen und in eine mikrowellengeeignete Form geben.

3. Die Äpfel einsetzen und zugedeckt bei 600 Watt 4 bis 5 Minuten garen.

4. Anschließend die Äpfel herausnehmen und die Sauce je nach Geschmack mit Zucker süßen.

5. Die Sauce mit etwas Speisestärke binden. Dafür die Speisestärke mit etwas Wasser glatt rühren und mit der Sauce mischen. Anschließend nochmals kurz erhitzen.

6. Die Sauce nach Belieben mit Orangenlikör verfeinern, die Äpfel anrichten, mit der Sauce überziehen und servieren.

Reis-Erdbeer-Tarte

■ Für das Grill-Mikrowellengerät
Zubereitungszeit: ca. 1¼ Std.
6 Portionen
ca. 370 kcal je Portion

200 g Milchreis
¾ l Milch
100 g Zucker
etwas Salz
1 Heftchen Safranfäden
1 TL Butter
2 Scheiben Zwieback
3 frische Eier
70 g Puderzucker
1 Päckchen Vanillezucker
abgeriebene Schale
   einer unbehandelten Zitrone
375 g Speisequark,
   40 % Fett
500 g Erdbeeren
einige Blättchen frische Zitronenmelisse

1. Reis zusammen mit Milch, Zucker, Salz und Safranfäden in eine verschließbare, runde Kochschüssel (2 l Inhalt) geben und zugedeckt 8 Minuten bei 850 Watt garen. Danach 20 Minuten bei 255 Watt quellen lassen. Zwischendurch einmal umrühren.

2. In der Zwischenzeit eine runde Quicheform (30 cm ∅) mit der Butter einfetten.

3. Den Zwieback in einen Gefrierbeutel geben und mit einem Teigroller vorsichtig zerbröseln. Die Quicheform mit den Bröseln ausstreuen.

4. Eier trennen und Eiweiß steif schlagen. Eigelbe zusammen mit 50 g Puderzucker, Vanillezucker und Zitronenschale schaumig rühren.

5. Quark und Milchreis unter die Eimasse rühren und anschließend den Eischnee darunter heben.

6. Die Reis-Quark-Masse in die Quicheform geben und auf dem niedrigen Rost 15 Minuten bei 595 Watt garen. Sie dann 12 Minuten bei 595 Watt kombiniert mit der Grillfunktion backen.

7. In der Zwischenzeit die Erdbeeren waschen und verlesen. Acht Erdbeeren in Scheiben schneiden und für die Garnitur zurücklegen. Die restlichen mit dem Pürierstab pürieren.

8. Die gebackene Tarte 5 Minuten ruhen lassen, mit dem restlichen Puderzucker bestreuen und mit den Erdbeeren und der Zitronenmelisse garnieren. Das Erdbeerpüree dazu servieren.

TIPP

Bei der Zubereitung im Nicht-Simultan-Gerät ändert sich folgender Zubereitungsschritt:
Schritt 6: Die Reis-Quark-Masse in die Quicheform geben und auf dem hohen Rost 28 Minuten bei 595 Watt backen. Sie dann 6 Minuten unter dem Grill weiterbacken.

DESSERTS, GEBÄCK UND MARMELADEN

Baumkuchen

■ Für das Grill-Mikrowellengerät
Zubereitungszeit: ca. 1^1/$_4$ Std.
8 Portionen
ca. 620 kcal je Portion

250 g Butter
200 g Zucker
5 frische Eier
abgeriebene Schale
  einer unbehandelten Zitrone
125 g Mehl
125 g Kartoffelstärke
2 EL Sahne
1 Msp. Zimtpulver
50 g gemahlene Mandeln
1 EL Rum, 40 Vol.-%
1 TL Butter für die Form
150 g Vollmilchkuvertüre

1. Die Butter zusammen mit dem Zucker schaumig schlagen. Die Eier nach und nach darunter rühren. Anschließend die Zitronenschale darunter rühren.

2. Das Mehl und die Kartoffelstärke ebenfalls nach und nach hinzufügen, umrühren.

3. Sahne, Zimt, gemahlene Mandeln sowie Rum dazugeben und alles zu einem glatten Teig verrühren.

4. Eine Kastenform (30 cm lang) am Boden mit Backpapier auslegen und innen vollständig mit der Butter einfetten.

5. Dann etwa 2 Esslöffel des Rührteigs gleichmäßig auf dem Boden der Form verstreichen und auf dem hohen Rost etwa 8 Minuten grillen, bis der Teig gleichmäßig gebräunt ist. Die Form aus dem Gerät nehmen.

6. Etwa 2 Esslöffel des Rührteigs gleichmäßig auf der ersten gegrillten Schicht verteilen und auf dem hohen Rost etwa 5^1/$_2$ Minuten grillen.

7. Noch etwa neunmal jeweils zwei Esslöffel Teig ungefähr 4^1/$_2$ Minuten schichtweise grillen, bis der Teig aufgebraucht ist.

8. Die Kuvertüre in Stücke brechen, in eine runde Kochschüssel (1,25 l Inhalt) geben und darin offen 2 Minuten bei 595 Watt schmelzen lassen.

9. Baumkuchen nach dem Erkalten vorsichtig aus der Form lösen, Backpapier entfernen und mit der flüssigen Kuvertüre überziehen.

TIPP

Die Zubereitung im Nicht-Simultan-Gerät ist identisch.
Sie können besonders zeitsparend arbeiten, wenn Sie die doppelte Menge Teig herstellen und gleich zwei Baumkuchen in je einer Kastenform backen. So können Sie abwechselnd in einer Form backen, während Sie die andere Form neu befüllen.

Schoko-Nuss-Riegel

■ Für das Sologerät
Zubereitungszeit: ca. 30 Min.
Kühlzeit: ca. 4 Std.
10 Portionen
ca. 250 kcal je Portion

50 g brauner Zucker
etwas Salz
90 g Weizenvollkornmehl, Type 1700
90 g Butter
90 g Vollkornhaferflocken
1/2 Tafel Zartbitterschokolade (50 g)
25 g Walnüsse
200 g Sahne

1. Den Zucker, das Salz und das Mehl in eine Rührschüssel geben. Die feste, kalte Butter in Stücke zerteilen, zusammen mit den Haferflocken dazugeben und das Ganze zu einer krümeligen Masse verkneten.

2. Ein Drittel der Masse beiseite stellen. Den Rest auf dem Boden einer mikrowellengeeigneten Kastenform (25 cm lang) flach drücken, diese offen ins MWG stellen und das Ganze 7 Minuten bei 300 Watt garen.

3. Inzwischen die Schokolade raspeln und die Walnüsse klein hacken.

4. Die Sahne in eine runde Kochschüssel (1 l Inhalt) geben und in der offenen Form 1 Minute bei 600 Watt erhitzen.

5. Die Schokoladenraspel in die heiße Sahne geben und damit verrühren, bis sie schmelzen. Anschließend die gehackten Nüsse in die Schokoladenmasse rühren.

6. Die Schokoladen-Nuss-Masse auf den gebackenen Boden in die Kastenform geben und die restliche Krümelmasse darüber streuen. Die Kastenform offen ins MWG stellen und das Ganze 6 Minuten bei 600 Watt garen.

7. Den Riegelblock etwa 4 Stunden erkalten lassen, aus der Form lösen und in 10 Riegel schneiden.

VARIATION

Je nach Geschmack können Sie die Walnüsse gegen Mandeln oder Haselnüsse austauschen.

DESSERTS, GEBÄCK UND MARMELADEN

Nektarinenmarmelade

■ Für das Sologerät
Zubereitungszeit: ca. 20 Min.
ca. 1260 kcal insgesamt

540 g Nektarinen
250 g Gelierzucker-Extra

1. Die Haut der Nektarinen kreuzweise einritzen und die Nektarinen für 2 Minuten in kochendes Wasser legen. Die Früchte abschrecken, häuten, halbieren, entkernen und fein pürieren.

2. Das Obstmus und den Zucker mischen, in ein mikrowellengeeignetes Litermaß (1 l Inhalt) geben, dieses offen ins MWG stellen und das Obst 7 Minuten bei 600 Watt kochen.

3. Die Marmelade sofort bis zum Rand in Gläser mit Schraubverschluss füllen und diese verschließen. Die Gläser auf den Deckel stellen und die Marmelade erkalten lassen.

Grapefruit-Himbeer-Marmelade

■ Für das Sologerät
Zubereitungszeit: ca. 40 Min.
ca. 1140 kcal insgesamt

450 g Himbeeren
60 g Grapefruit
250 g Gelierzucker-Extra

1. Die Himbeeren unter fließendem Wasser waschen, abtropfen lassen und sorgfältig putzen.

2. Die Grapefruit sorgfältig schälen und mit einem spitzen Messer neben den Zwischenhäuten einstechen und die Filets herauslösen.

3. Das Obst mit einem Pürierstab pürieren, mit Gelierzucker mischen und in ein mikrowellengeeignetes Litermaß (1 l Inhalt) füllen. Das Litermaß offen ins MWG stellen und das Obst mit dem Zucker 9 Minuten bei 600 Watt kochen.

4. Die Marmelade sofort in Gläser mit Schraubverschluss füllen und diese verschließen. Die verschlossenen Gläser auf die Deckel stellen und die Marmelade erkalten lassen.

Rezeptverzeichnis

Ananas, karamellisierte   136
Ananaskraut   115
Apfel-Reis-Auflauf   113

Badischer Kirschenplotzer   112
Baumkuchen   139
Bayerische Semmelknödel   120
Béchamelkartoffeln   117
Birne Helene   131
Blumenkohl, gratinierter   96
Blumenkohlcurry 92
Bœuf Stroganoff   42
Bohneneintopf, mexikanischer   39
Bologneser Sauce   125
Brokkoli mit Mozzarellasauce   89
Brokkoli, überbackener   95
Büsumer Fischsuppe   30
Butternudeln   120

Camemberttoast   17
Champignons mit Knoblauch-
   sauce   23
Champignons, Sylter   22
Champignonsuppe, Florentiner   32
Chili-Spareribs   57
Chinesisches Putengeschnetzeltes   64
Currysauce   126

Dip, Florentiner   127

Eintopf, Pichelsteiner   38
Ente in Orangensauce   69

Erbsensuppe, schnelle   33
Erdbeeren, gratinierte   133

Falscher Hase   52
Fenchel in pikanter Hülle   121
Fischauflauf, holländischer   106
Fischfilet italienischer Art   80
Fischsuppe, Büsumer   30
Florentiner Champignonsuppe   32
Florentiner Medaillons   55
Florentiner Nudelauflauf   98
Französische Pfeffersteaks   45

Gemüse, buntes   115
Gemüseeier   25
Gemüse-Fisch-Ragout   76
Gemüsereis   119
Gemüserisotto   93
Gemüsesuppe „Konsul"   31
Geschnetzeltes Züricher Art   41
Gorgonzola-Sahne-Sauce   124
Grapefruit-Himbeer-
   Marmelade   141
Grapefruits, gebackene   24
Grießflammerie   131
Grundsauce, helle   123

Hackfleischeintopf   37
Hackrolle mit Schafskäse   52
Hackschnitzel, Schweizer   54
Hähnchenbrust, pikante   68
Hasenkeule Waidmannsart   70

REZEPTVERZEICHNIS

Hecht, gefüllter, badische Art 84
Heilbuttkoteletts mit
  Champignons 82
Heilbuttschnitten,
  überbackene 83
Hirschbraten mit
  Schattenmorellen 72
Holländischer Fischauflauf 106
Hühnerfrikassee 67
Hühnerpfanne, pikante 66

Joghurt-Gurken-Dip 127

Kalbsfilet im Spinat-Speck-
  Mantel 50
Kalbsrouladen 48
Kartoffel-Lauch-Auflauf 102
Kartoffeln, gebackene 118
Kartoffeln, gefüllte 20
Kartoffel-Speck-Spieß 21
Kartoffeltopf 101
Käsekartoffeln 118
Kasseler, glasiertes 49
Kasseler mit Sauerkraut 47
Kasseler mit Senfkruste 55
Kirschenplotzer, badischer 112
Klopse, Königsberger 53
Knusperäpfel mit
  Vanillesauce 135
Kohlrabi, gefüllte, in Käsesauce 90
Kokosgratin mit Grand
  Manier 111
Königsberger Klopse 53
Krabbentoast mit Spargel 16
Kräutercremesuppe mit Sesam-
  häubchen 34
Kresseapfel, überbackener 26

Lachsforelle, gegrillte, mit Aioli 77
Lachs im Lauchbett 78
Lammcurry 61
Lammkeule, würzige 59
Lammrücken mit Kräuterkruste 60
Lasagne 99
Lauchstangen im Schinken-
  mantel 87
Lauchsuppe, gratinierte 36

Mandeläpfel 134
Mandelpudding mit
  Kirschen 130
Matjesauflauf, Schwedischer 105
Medaillons, Florentiner 55
Mexikanischer Bohnen-
  eintopf 39
Möhrencremesuppe mit
  Champagner 33
Möhren-Kartoffel-Gratin 103
Mousse au Chocolat 130

Nektarinenmarmelade 141
Nudelauflauf, Florentiner 98

Obstspieße, bunte 134

Pellkartoffeln mit Käsecreme 91
Pfeffersteaks, französische 45
Pichelsteiner Eintopf 38
Pizzatoast, schneller 17
Putenbrust, glasierte 63
Putengeschnetzeltes,
  chinesisches 64
Putengeschnetzeltes mit
  Gorgonzolasauce 63
Putenoberkeule vom Grill 65

143

Quarkauflauf mit Aprikosen 108
Quarkauflauf mit Kirschen 109
Quarkgratin mit Beeren 110

Ratatouille 116
Ratatouille, überbackenes 97
Rehrücken mit Pfifferlingen 71
Reis, beschwipster 132
Reis, gekochter 119
Reis-Erdbeer-Tarte 138
Rindergulasch 44
Roastbeef mit Senfkruste und
    Zwiebelsauce 43
Roqueforttoast 16
Rotbarsch-Brokkoli-Auflauf 107
Rotbarschfilets Esterhazy,
    gratinierte 79
Rotweinäpfel 137

Sahnezwiebeln, überbackene 24
Salzkartoffeln 118
Sauerbraten mit Backobst 46
Scampispieße 85
Schinkensoufflé mit Tomaten 27
Schnitzel mit Aprikosen 58
Schoko-Nuss-Pudding 129
Schoko-Nuss-Riegel 140
Schwedischer Matjesauflauf 105
Schweizer Hackschnitzel 54
Seelachsfilet, gefülltes 75
Seezungenspieße 81
Semmelknödel, bayerische 120
Serbische Spieße mit Chilisauce 56
Spargel in Käsesauce 88
Spieße, serbische, mit Chilisauce 56

Tomaten, gefüllte, mit
    Käsehaube 19
Tomaten-Brokkoli-Auflauf 100
Tomatenpfännchen 18
Tomatensauce, italienische 124

Vanillecreme 129

Wirsingrouladen 51
Wursttoast, deftiger 15

Zucchini-Kartoffel-Gratin 104
Zwiebelsuppe, überbackene 35
Zwiebelsuppe mit Käsekruste 29